W0324570

OÙ EST PASSÉ L'AMOUR ?

LUCY VINCENT

OÙ EST PASSÉ L'AMOUR ?

Odile Jacob
poches

15, rue Soufflot, 75005 Paris

www.odilejacob.fr

ISBN : 978-2-7381-2119-6
ISSN : 1621-0654

À Jean-Didier, *sempre miglior fabbro*.

« Make me a willow cabin at your gate,
And call upon my soul within the house ;
Write loyal cantons of contemned love,
And sing them loud even in the dead of night ;
Halloo your name to the reverberate hills,
And make the babbling gossip of the air
Cry out "Olivia !". O, you should not rest
Between the elements of air and earth
But you should pity me. »

SHAKESPEARE,
Twelfth Night (*La Nuit des rois*),
acte I, sc. 5, v. 268-276.

INTRODUCTION

L'amour aujourd'hui, mais demain ?

Comment est-il possible de se sacrifier entièrement au bonheur de quelqu'un d'autre pendant, disons, quelque temps, puis, une fois la période bénie de l'amour fou révolue, d'accepter de passer le restant de ses jours dans un état de parfaite exaspération, parce qu'il ne trouve pas ses chaussettes, qu'il ne vide pas le lave-vaisselle, qu'elle invite trop souvent sa mère à déjeuner, qu'il ne relève pas le siège des toilettes, qu'il n'essuie pas ses chaussures avant d'entrer, qu'elle achète trop de robes ? Une histoire d'amour qui dure s'accompagne-t-elle nécessairement d'autant d'agacements, quand ce n'est pas de bouffées de haine ? Quelle est la raison pour laquelle la majorité des couples préfèrent continuer de cohabiter, en dépit de toutes ces querelles, alors que le divorce est autorisé par la loi et qu'il est admis par la société ?

Dans l'espèce humaine, nos deux sexes correspondent à deux stratégies reproductives contradictoires ; les cerveaux inconscients de la femme et de l'homme le savent bien, et chacun se méfie et se protège de l'autre. C'est tellement vrai qu'il faut – c'est incontestable – un phénomène aussi remarquable, aussi miraculeux, que l'amour pour permettre à une femme et un homme de vivre ensemble harmonieusement le temps nécessaire pour assurer la reproduction de l'espèce. En revanche, quand l'amour ne tient plus les deux cerveaux en otage, la méfiance archaïque vis-à-vis de l'autre reprend le dessus – cela, aussi, est un fait – et chaque piqûre de rappel de cette différence constitutive ne fait que susciter irritation et défiance. Pourtant, si on en croit les chiffres les plus récents, au moins une fois sur deux, le couple perdure : les partenaires se supportent avec plus ou moins d'aisance, dans un climat qui varie entre l'affection, l'amitié, l'agacement, la haine et, parfois, mais dans le meilleur des cas, quelques rémanences d'amour, mais ils restent. Beaucoup estiment que cette prolongation du couple se fait au prix d'efforts et de concessions incommensurables. Je ne le crois pas : on ne reste jamais avec quelqu'un par vertu, mais par intérêt, même si cet intérêt n'est perceptible que par notre cerveau inconscient.

Si on parle d'amour dans nos pays riches, on parle aussi beaucoup de la fabuleuse prolongation de la durée de vie à laquelle on assiste dans ces mêmes pays. On ne réfléchit pas beaucoup, en revanche, à ses nombreuses répercussions. Au nombre desquelles figure l'ennui. Après les années parents (moi, mon père, ma mère), les années couple (moi et mon amoureux) et les années famille (moi, mon amoureux, nos enfants), comment envisager, sans effroi, d'affronter les quelques décennies qui nous restent sans interlocuteur intime, alors même que notre cerveau consacre une grande partie de son temps et de son énergie aux interactions sociales ? Sans compter que nous possédons un don très particulier, le don de curiosité. C'est lui qui a fait de nous cette espèce à part qui a conquis des territoires hostiles et maîtrisé son environnement. Moyennant quoi, notre cerveau humain est, de toute évidence, très avide de nouveautés et de surprises, et l'ennui constitue une punition insupportable pour lui. Serait-ce à dire que, dans une vie moyenne, ordinaire – dans notre vie, en somme – le meilleur rapport étrangeté/risque, parmi tous les autres défis possibles permettant à notre cerveau de se maintenir dans un état d'attention optimale, nous soit fourni par une créature de sexe opposé, par un être qui nous restera toujours étranger même quand on le connaît et qu'on le sait sans risque ?

L'amour est un phénomène plastique, capable de passer des circuits du plaisir aux circuits de l'interrogation, capable de s'adapter aussi à la donnée de longévité. La présence de l'autre stimule les neurones qui nous font réagir et qui nous motivent, et l'envie d'agir est un moteur aussi puissant que le plaisir pour l'être humain. Avec le temps, le lien amoureux, certes, fonctionne sur un mode différent : le plaisir franc y est moins évident, mais le bilan de la présence de l'autre reste positif dans nombre de cas. Ce bilan dépend, évidemment, de plusieurs facteurs : il y a des gens qui ont besoin d'une forte quantité de stimulations pour ne pas dépérir et il y en a d'autres qui peuvent se satisfaire de très peu. Chacun arrive aussi à l'âge adulte avec une histoire, son histoire, dont les éléments les plus significatifs sont stockés dans son hippocampe et pèsent lourd sur toute décision prise. On doit également compter avec cette contribution génétiquement déterminée qu'est la personnalité, laquelle rend plus ou moins susceptible, plus ou moins tolérant ou plus ou moins optimiste face à l'avenir. L'ensemble de ces données, présentes chez chaque partenaire, détermine le besoin, en nombre et en qualité, de stimulations. Si l'autre est en adéquation avec nos propres besoins, alors le couple fonctionnera, que ce soit sur le mode de la querelle, du mot doux, de la crise ou de la manipulation. Cela ne ressemblera pas forcément à l'amour tel qu'on le décrit dans les romans, mais il s'agira tout de même d'amour et d'amour gratuit, le succès de la reproduction n'en dépendant pas.

Actuellement, une autre révolution, bien plus importante, est également en cours. La délectation de notre cerveau inconscient, qui aime à jouer avec ce rival archaïque et menaçant qu'est l'autre sexe, est une source de révolte pour notre cerveau conscient qui veut que les hommes et les femmes soient égaux dans le monde du travail, comme à la maison. Nous sommes actuellement parvenus à un stade de notre évolution où l'égalité des chances entre les hommes et les femmes se met en place. Il ne s'agit pas forcément de décisions réfléchies ; il s'agit plutôt d'une évolution naturelle, résultant de la modification radicale du destin biologique des femmes grâce à l'avènement de la contraception. Or notre cerveau et notre corps marchent de pair et, quand on modifie le fonctionnement de l'un, l'autre s'adapte en conséquence. Les étapes qui modifient le comportement féminin, et, par ricochet, celui des hommes, sont progressives, et nous nous situons, pour le moment, à un stade intermédiaire, entre une société dont les règles de fonctionnement dépendent de rapports traditionnels entre les hommes et les femmes et une autre société, encore en développement, où les règles dépendront de nouveaux jeux de pouvoir intégrés dans la physiologie et la neurophysiologie de chacun.

Il est incontestable que les hommes et les femmes sont en train de se rapprocher physiologiquement, les femmes devenant moins féminines et les hommes moins masculins. Comment peut-on d'ailleurs espérer l'égalité des sexes sans un tel rapprochement physique : ce qui se passe dans le cerveau n'est-il pas intimement lié aux fonctions corporelles ? Les règles de conduite en société ne sont-elles pas fondées sur la physiologie ? Mais si cette évolution est en marche et que tout va vers une plus grande similitude entre les deux sexes, tout est-il pour le mieux pour autant ? Les comportements s'adaptent aux nouvelles données physiologiques, les femmes s'affirment plus facilement sur le marché du travail depuis qu'elles sont confrontées à des concurrents professionnels plus paisibles : peut-on aller jusqu'à penser que le fameux plafond de verre va se briser pour cette raison ? C'est probable : le fait que les hommes aident davantage aux tâches familiales et qu'ils s'occupent davantage des enfants en raison d'un niveau plus faible de testostérone semble impliquer que les femmes ne seront bientôt plus taraudées par les conflits de nature typiquement masculine qui les excèdent. Les comportements sexuels devraient donc s'atténuer sous l'effet du rapprochement des niveaux d'hormones stéroïdes sexuelles. D'ailleurs, les résultats de ce glissement, qui a commencé dans les années 1960, sont déjà là en partie et la tendance semble difficile à arrêter, sauf si on décidait, d'aventure, d'interdire tous moyens contraceptifs.

Or des changements qui affectent les règles de reproduction et les rapports entre les hommes et les femmes ne peuvent rester sans conséquence sur le comportement majeur, qui a longtemps joué le rôle principal dans l'établissement de liens entre partenaires de sexe opposé : l'amour, bien évidemment. L'amour aujourd'hui s'est adapté aux deux phénomènes qui se succèdent dans le temps et qui façonnent le parcours de nos vies : d'abord, la folie, l'euphorie et l'établissement d'une relation fortement chargée en émotion ; ensuite, après l'euphorie, la curiosité qui prend le relais face à l'étrangeté de l'autre, qui est ressentie par le cerveau comme un stimulus très positif. Si, comme il le semble, les deux sexes sont en train de se ressembler de plus en plus, n'est-il pas à craindre que l'amour en paie le prix fort et qu'il disparaisse petit à petit du répertoire humain ? Plusieurs hypothèses sont possibles quant aux conséquences de cette disparition, mais le moins qu'on puisse dire est que la poésie en prendra un sacré coup ! L'amitié sereine saura-t-elle remplacer avantageusement les orages répétés, à haute couleur émotionnelle, qui caractérisent les couples amoureux d'aujourd'hui ? Telle est la question, et c'est une vraie question. En attendant d'y répondre et de passer, pour cela, à l'examen en détail de tous les phénomènes que nous venons d'aborder, rassurons d'emblée les couples actuels qui ne réunissent pas les éléments d'entente dans leurs circuits de plaisir, de curiosité et de mémoire, et qui n'arrivent pas à parfaire le jeu de taquinerie réciproque qui est bénéfique pour chacun. Que ces couples, donc, sachent au moins qu'ils n'ont pas failli à leur mission ou échoué dans leurs efforts pour s'entendre, mais qu'ils ont juste épousé la loi de l'amour telle qu'elle se présentait...

CHAPITRE PREMIER

L'amour... pour oublier nos différences

Les hommes, dit-on, viendraient de Mars pour rencontrer, sur terre, les femmes qui, elles, viendraient de Vénus. La thèse de Mars et Vénus joue sur le velours d'une « évidence », que toute personne ayant vécu en couple confirmera volontiers : un homme et une femme, ce n'est juste pas pareil. Et s'ils s'agacent tellement l'un l'autre, et de mille façons différentes, c'est parce qu'ils n'ont pas le même cerveau, ce qu'ils ignorent ou feignent d'ignorer, continuant à entretenir l'un envers l'autre des attentes aussi irréalistes que déraisonnables. D'où ces conflits incessants qui empoisonnent l'existence du couple.

Si on en croit cette thèse, l'homme et la femme auraient évolué dans des mondes parallèles, tout en perfectionnant l'exécution de tâches sexuées et distinctes. Chaque homme sait, pour l'avoir constaté, que son épouse est nulle pour faire la navigatrice en voyage (et c'est normal : au temps des mammouths, elle restait à la maison ; elle n'a donc jamais eu l'occasion de développer les neurones du pigeon voyageur, contrairement à l'homme qui parcourait les alentours à la poursuite desdits mammouths). Chaque femme, de son côté, se rend vite compte en bavardant avec ses copines qu'elle n'est pas la seule à avoir épousé un bigleux, incapable de distinguer des objets dans un placard même quand il s'agit d'une paire de chaussettes rouges dans une pile de noires (et là encore, il faut rappeler que, à l'époque lointaine des cueilleurs de racines, seule la femme a pu développer une vision de détail par ses activités).

Je ne suis pas en train de me moquer en rapportant ces faits et je passe, moi-même, beaucoup de temps à chercher dans notre évolution les raisons expliquant les différences de comportement entre hommes et femmes. Toutes les thèses qui insistent sur la différence des sexes me paraissent avoir un fond de vérité ; elles ont aussi beaucoup fait pour permettre à chaque sexe de découvrir les motivations et raisonnements de l'autre. Ces différences, qui sont répertoriées et déplorées à chaque nouvelle génération, m'apparaissent comme irréfutables. Pire, je vais jusqu'à penser qu'il est impossible de les gommer, même quand on en a saisi l'origine, tant elles sont importantes. Pour le dire autrement, je suis presque certaine, et les résultats des études scientifiques vont d'ailleurs dans ce sens, qu'un homme et une femme ne peuvent espérer faire de la vie à deux quelque chose de naturel, car elle n'est pas naturellement facile et ne le sera jamais, même avec la meilleure volonté du monde et tous les efforts de compréhension mutuelle.

Cette conclusion sera jugée dramatique par certains ; d'autres n'y verront que l'avis personnel d'une aigrie trois fois divorcée (ce qui est vrai !). Aux sceptiques, je répondrai que j'ai à ma disposition nombre d'arguments convaincants, ceux fournis par diverses revues scientifiques d'envergure internationale et de réputation irréprochable, qui abondent en détail et en démonstrations saisissantes, mais la clef, le clou, est encore plus incontestable : c'est l'existence même de l'amour. C'est l'amour, en effet, qui prouve que les hommes et les femmes ne sont absolument pas faits pour vivre ensemble sur une longue période sans à-coups. Je m'explique.

L'amour, on le dit, possède mille visages ; il vit mille vies. Celui que j'évoque ici est celui dont parlent les poètes, celui qui a fait mourir Roméo, puis Juliette, celui qui a déclenché une guerre inoubliable quand Pâris a vu Hélène, celui qui transforme tous les jours, et dans le monde entier, des êtres ordinaires en héros prêts à tous les sacrifices pour leur bien-aimé(e). Cet amour-là non seulement fait rêver, mais fait recette : quand il nous arrive, il nous fait éprouver des sensations parmi les plus intenses de notre vie, et nous n'avons de cesse ensuite de les revivre en secouant nos souvenirs, aidés par les films et les romans qui mettent toujours en scène la même histoire. Si on fait l'inventaire des œuvres littéraires majeures dans toutes les langues du monde, on constate qu'un grand nombre traite d'amour et que, parmi celles-là, figure un élément commun qui garantit toujours le grand frisson – je veux parler de la perte de l'être aimé(e). L'angoisse provoquée par cette peur est très intense, et ce qui la rend très efficace pour susciter des émotions chez n'importe quel lecteur est le partage de cette émotion : chacun de nous est capable de se représenter l'horreur et le désarroi absolu qui résulte d'un tel événement. Notre cerveau humain est si bien programmé pour l'amour que la proximité de l'autre est susceptible, chez chacun, de devenir une obsession centrale durant l'état amoureux. On connaît les raisons essentielles à la survie de l'espèce qui ont entraîné la mise en place des circuits cérébraux qui induisent de tels sentiments [Vincent, 2004] : pour chacun de nous, la présence de l'autre, pendant une période limitée, équivaut, ni plus ni moins, à la différence entre la vie et la mort.

LE CÔTÉ SOMBRE DE L'AMOUR

Mais assez de la biologie, d'histoires d'évolution et de calculs d'intérêts ! Soyons romantiques quelques instants, laissons-nous emporter par les contes de fées et les belles histoires d'amour pour l'émotion, le plaisir, le frisson. J'appelle ici à l'aide notre culture littéraire. Tous les conteurs savent que le meilleur moyen de provoquer, par une histoire d'amour, une émotion chez le lecteur réside dans le choix des protagonistes. Les histoires qui nous émeuvent le plus sont celles qui mettent en scène des rencontres improbables, entre un prince et une pauvresse, une bourgeoise et un jardinier, un philosophe et une starlette, une belle et une bête… Trouvez-moi donc une romance poignante et haletante avec deux jeunes gens bien assortis au vu du monde ! Plus largement, il faut toujours quelque chose de quasi impossible dans cet amour naissant ; sans cet élément dans la formule, l'histoire d'amour n'aurait guère d'intérêt. Pourquoi ? L'émotion que nous éprouvons vient sans aucun doute de ce que, par l'écriture, le cerveau humain témoigne culturellement de la puissance de l'amour, capable de réunir deux êtres qui n'ont rien en commun, mais elle est également et tout autant stimulée par une autre différence, plus fondamentale encore : non pas le fait que l'un est riche et l'autre pauvre, mais le fait que l'un est un homme et l'autre une femme ! La différence est à la source de tout dans une histoire d'amour et, pour notre inconscient, qui sait pertinemment l'incompatibilité profonde entre les deux sexes, c'est un bon frisson de rappel qui réveille des souvenirs d'extase.

On a beaucoup écrit sur le choix du partenaire et les facteurs qui stimulent l'inconscient de l'autre : forme du visage et du corps, odeur et phéromones, seins ou fesses, son de la voix, mais, avant d'aller chercher midi à quatorze heures, n'oublions pas qu'il s'agit d'abord d'indices permettant d'identifier le sexe opposé. Le cerveau en mode reproducteur a besoin de cet autre, et tous les signes extérieurs de différence permettent de reconnaître la cible. Ensuite, une fois le repérage réussi, notre appréciation de la nature de la cible se modifie : le petit garçon pénible du quartier n'est plus vu comme un ennemi par notre cerveau, mais comme un ami ou, au moins, une personne digne que nous la fréquentions. Cette transformation de l'ennemi en ami (et peu importe désormais combien de fois il nous a fait des croche-pieds, il a lancé son ballon sur nous ou insulté les filles de l'immeuble devant ses copains !) implique l'activation en masse des systèmes cérébraux programmés dans ce sens, sous le contrôle des récepteurs à ocytocine afin d'y faire admettre l'étranger pour des raisons secrètes qui relèvent des renseignements généraux de notre inconscient.

Souvenir, souvenir...

« J'étais dans un lycée pour filles, une *grammar school* locale, hautement réputée avec des règles très strictes. On y portait l'uniforme, avec un chapeau rose et gris, et celle qui enlevait son chapeau dans la rue était punie sévèrement. Les garçons fréquentaient un établissement de l'autre côté de la rue, derrière des grilles infranchissables pour nous. Nos professeurs à nous étaient de vieilles filles, alors que, chez eux, il n'y avait que des maîtres. Je me souviens très bien le jour où ces garçons sont devenus désirables – je me surprenais à leur dire : "Bonjour, comment vas-tu ?" sur le chemin de la maison le soir. Ils me rendaient folle : je crois que j'ai fait sciences uniquement parce que les cours de sciences physiques étaient mixtes en terminale... »

Et ce n'est pas fini, il arrive même parfois que non seulement on admette de faire connaissance avec l'étranger, l'autre, mais qu'on le trouve plaisant, charmant, séduisant, désirable ! Les récepteurs à ocytocine, déjà bien activés, sont désormais en train de faire le lien entre les signes de différence et le centre de récompense du cerveau, qui n'est, ni plus ni moins, que le circuit du plaisir... Et voilà comment la configuration minimale nécessaire pour assurer la reproduction se trouve assurée par l'amour. Un homme et une femme se cherchent, se reconnaissent et se rapprochent grâce aux signaux qui se sont développés au cours de la puberté et qui indiquent le sexe d'appartenance, mais aussi grâce au plaisir provoqué par ces mêmes signaux sur le sexe opposé.

Durant le processus de l'amour, les émotions ressenties vont même bien au-delà d'un simple plaisir. Il s'agit, en effet, d'un engouement extrême, avec une envie très forte de plaire à l'autre, même en s'adonnant à des activités peu appréciées avant l'état amoureux – aller voir des matchs de foot pour une fille ou passer du temps à attendre dans les boutiques d'habits pour un garçon. Cette indulgence s'accompagne aussi de l'exclusion d'autres personnes, amis ou membres de la famille, au profit du rapprochement quasi exclusif avec l'amoureux. La séparation, même temporaire, induit une souffrance aiguë, qui ne sera soulagée que par le retour de l'autre, ou le son de sa voix. Si on y réfléchit bien, ce descriptif fait état d'une relation très particulière entre deux personnes, qui mobilise un important dispositif pour assurer le rapprochement de deux êtres, ce qui est déjà étonnant, mais il y a plus surprenant. La reconnaissance et le rapprochement sont, en effet, assurés par un remaniement important du cerveau impliquant la mise en place de nouveaux circuits neuronaux. En effet, l'acceptation de l'étranger est imposée par une mise en sommeil plus ou moins nette de certaines parties de l'amygdale, le noyau du cerveau spécialisé dans la gestion du risque.

Trouver le partenaire était la première étape, mais la grossesse chez l'être humain impose une relation longue pour parvenir à terme. Et les moyens mis en œuvre pour justement « tenir dans le temps » fournissent une autre preuve de l'incompatibilité fondamentale entre les hommes et les femmes. Pour que les unes et les autres puissent s'accepter, parfois se supporter, durant quelques années, les mécanismes de l'évolution ont, en effet, dû recourir aux voies du subterfuge et du mensonge.

L'INSOUTENABLE LOURDEUR DE L'AUTRE

Le cerveau humain s'est spécialisé dans la lecture de l'autre, la vie en société dépendant de ses capacités à décrypter les pensées de celui qui n'est pas soi et à s'adapter à ses besoins ou à imposer les siens propres. Si les deux partenaires se ressemblaient suffisamment pour que la lecture réciproque des émotions soit possible entre eux, les modifications du cerveau nécessaires pour assurer la reproduction de l'espèce auraient pu se limiter à celle nécessaire à l'installation du couple : le simple rapprochement, par euphorie partagée, d'un homme et d'une femme aurait suffi et la suite de l'histoire se serait poursuivie pour ainsi dire naturellement entre nos deux individus grâce au partage de cet intérêt commun que représente un enfant. Mais il n'en est rien. Il faut croire que les pensées de l'autre sont tellement incompréhensibles, ou alors tellement insoutenables, pour un cerveau du sexe opposé, qu'il a fallu brouiller leur lecture pour que la vie en couple devienne possible. De fait, les images du cerveau filmées par les scientifiques montrent que l'amoureux porte un regard très particulier sur l'objet de son amour : celui-ci ne subit pas le jugement qui s'exerce habituellement sur les autres membres de l'entourage.

Cette ignorance, voulue par notre cortex préfrontal, de tout ce qui pourrait fâcher chez l'autre est sans doute liée aux circuits, situés dans le cerveau, au carrefour de l'amygdale où l'on place allégoriquement nos « gardes du corps », chargés de scruter les nouveaux venus qui veulent entrer et de décider si ce sont des amis ou des ennemis. De manière générale, le jugement rendu par l'amygdale conditionne le cerveau de telle sorte qu'on fait des concessions pour nos amis, alors qu'on amplifie les fautes de nos ennemis ; dans l'amour, cet effet s'exacerbe et devient extrême. On considère en quelque sorte que l'amygdale met notre cerveau en condition de traiter les messages provenant de l'autre selon son statut et selon nos besoins. Force est de constater qu'elle joue un rôle important dans la trêve qui s'installe entre les sexes pour les besoins de la reproduction.

Touche pas à mon amygdale !

Depuis quelques années, on est en mesure d'étudier l'activité d'un cerveau humain grâce à des appareils capables de mesurer précisément l'irrigation sanguine de chaque zone, sans qu'il y ait besoin d'insérer la moindre sonde ou le moindre tuyau. Le flux sanguin, directement proportionnel à l'activité métabolique et, donc, à l'activité des neurones, se traduit par des images colorées. Parmi les premiers résultats permis par l'imagerie médicale, on a relevé un fait particulièrement intéressant, concernant notre attitude inconsciente envers autrui. L'expérience se déroule selon un protocole standard : on installe les sujets dans la machine, puis on leur montre des photos de visages et, pendant qu'on fait défiler les photos, on mesure l'activité de l'amygdale. On voit, alors, celle-ci s'emballer brusquement quand la photo qu'on lui présente est celle d'un étranger… [Knutson, 2006 ; Lieberman, 2005].

OCYTOCINE ET VASOPRESSINE : LES DEUX CERBÈRES DE L'AMYGDALE

En termes neurobiologiques, nous disposons de plusieurs approches expérimentales qui nous permettent de comprendre les changements de neurotransmetteurs et de récepteurs qui produisent un tel retentissement sur ce que nous vivons. Concernant les aménagements qui nous poussent à rester auprès de notre partenaire, il est établi qu'il s'agit des effets induits par les grands coordonnateurs de la vie reproductive que sont l'ocytocine et la vasopressine. Or ces deux neurohormones, en plus de leur action sur les centres du plaisir pour rendre l'autre irrésistible, agissent aussi directement sur l'amygdale pour produire un changement radical de comportement.

Rappelons que le rôle de l'amygdale est, en général, de reconnaître l'existence d'une menace et de mettre en œuvre les réponses qui permettent d'y échapper, en termes comportementaux (courir aussi vite que possible, effectuer des gestes apaisants, se cacher, se battre), hormonaux (conditionner son corps pour le combat ou la fuite en fournissant davantage d'oxygène et d'aliments au cœur et aux muscles) ou encore neuronaux (se souvenir d'une stratégie qui nous a bien aidés la fois précédente, ignorer la menace grâce au conditionnement qui nous a appris que la menace n'était pas suivie d'effet, etc.). Évidemment, la réactivité de l'amygdale est modulable et elle ne réagit pas de la même façon aux différentes situations qu'elle juge selon le contexte [Debiec, 2005]. Un exemple très frappant de ce changement de comportement selon l'environnement est fourni par la maman rat qui vient de mettre bas : on observe, en effet, qu'elle devient très agressive envers ceux qui approchent son territoire, alors qu'elle les acceptait tranquillement avant d'avoir des petits sous sa responsabilité : la mise bas a entraîné des modifications dans son cerveau et son amygdale est devenue beaucoup plus sélective face aux étrangers. Il est donc logique de penser que la libération massive d'ocytocine pendant la mise bas – phénomène qu'on retrouve lors de l'accouchement de la femme – est responsable de cette nouvelle attitude envers autrui. De fait, on a même pu reproduire expérimentalement un comportement identique en injectant de l'ocytocine dans le cerveau d'une rate vierge [Pedersen, 1982].

En harmonie avec leur panoplie d'effets sur le cerveau dit « social » pour régler les liens et la vie en groupe, l'ocytocine et la vasopressine jouent un rôle sur l'amygdale : on pense que l'ocytocine est plutôt l'hormone de l'apaisement et de la conciliation, et que la vasopressine induit un état amygdalien de nervosité et de réactivité au moindre énervement. Les expériences sur l'animal qui montrent l'importance de ces deux hormones dans diverses situations sociales sont nombreuses, et il existe même une étude menée directement sur l'être humain qui se révèle assez probante. Reposant sur l'utilisation de l'imagerie cérébrale, celle-ci consiste à mettre en évidence l'activité, plus ou moins importante, de différentes zones pendant qu'on montre différents types d'images. Si on montre des images qui font peur, on constate une augmentation de l'activité de l'amygdale, mais si, avant de montrer ces images, on procure de l'ocytocine au cerveau par le biais d'un spray nasal, alors l'amygdale devient beaucoup moins réactive quand il voit ces mêmes images [Kirsch, 2005].

Or tous ces résultats expérimentaux méritent d'être rapprochés de l'état amoureux. On sait, en effet, que l'ocytocine est libérée naturellement et abondamment dans le cerveau lors des baisers et des caresses que s'échangent les amoureux. Très logiquement, compte tenu de ce que nous avons dit, l'amygdale de l'amoureux en devient moins vigilante, ou moins réactive, et les risques que peut représenter l'autre, celui que nous aimons en l'occurrence, s'en trouvent moins perceptibles. La grande question est alors aussi cruciale qu'implacable : pourquoi faut-il donc qu'un homme et une femme ajustent leurs amygdales respectives pour accepter de se fréquenter ? Parce que le sexe masculin et le sexe féminin dans l'espèce humaine sont des étrangers, voire des menaces l'un pour l'autre, et qu'ils doivent se ménager un terrain d'entente le temps de la reproduction ? C'est en tout cas la thèse que je défends ici.

Le premier fait troublant qui étaie cette thèse s'observe à la fin de toute histoire d'amour. Deux personnes, qui se sont côtoyées de manière intime pendant une période allant de dix-huit à trente-six mois, finissent par se rendre compte un jour que leur bonheur pris à être ensemble n'est plus automatique. Après tant de temps de vie commune, avec partage d'intérêts, de familles, d'amis et, souvent, d'enfants, il serait logique d'imaginer la possibilité de discussions amicales pour déterminer les dispositions à prendre pour la suite de cette vie (à deux ou pas à deux) compte tenu de la nouvelle configuration d'ex-amants. Cette vision civilisée des événements ne s'accorde, de toute évidence, que très rarement avec la réalité biologique : les ruptures ne sont que très exceptionnellement amicales. Dans la plupart des cas, la fin d'une histoire d'amour bascule dans la haine, c'est-à-dire qu'on passe d'un extrême à l'autre des sentiments, sans l'étape intermédiaire de l'entente « polie ». Tout porte à croire que l'amygdale fonctionne comme un interrupteur *on/off*.

Pourquoi deux partenaires sexuels sont-ils donc destinés à s'aimer ou à se haïr, sans rien entre les deux ? L'une des réponses possibles est que les relations entre un homme et une femme ne peuvent être neutres : entre eux, c'est la méfiance qui règne ; cette méfiance est parfois surmontée par les moyens puissants de la programmation comportementale qu'on appelle l'amour, mais elle revient systématiquement dès que l'amour cesse d'agir sur le cerveau. Ces faits biologiques, confortés par le témoignage de la majorité de ceux qui ont entamé une procédure de divorce, paraissent impliquer une forme de mésentente archaïque entre sexes. D'ailleurs, chacun sait que même chez ceux qui ne divorcent pas, l'harmonie est souvent un vœu pieux, et les moments d'entente sont des îlots de calme dans la tempête ordinaire des agacements, des frustrations et malentendus qui s'abattent sur chaque maison. Pour trouver du réconfort, de l'empathie, de la compréhension, rien ne vaut alors l'épaule d'un ami qui, comme de bien entendu, est souvent... de même sexe que soi ! N'y aurait-il donc, pour les deux sexes, aucun espoir de compatibilité une fois passée la magie de l'amour ?

Adieu, ô mon amour...

« J'ai été marié à Fabienne pendant quinze ans ; notre fils aîné a 14 ans aujourd'hui, et nous avons aussi trois filles. Nous avons acheté une maison à la campagne, ça allait plutôt bien pour nous... Et puis, il y a un an environ, ma femme a commencé à être malade ; on lui a trouvé un syndrome de fatigue chronique et, à partir de là, tout s'est dégradé... En fait, elle avait déjà un amant à cette époque. Elle m'a provoqué un jour jusqu'à ce que je la frappe, puis elle a demandé le divorce en m'accusant de violences. Elle m'empêche de voir les enfants, et elle m'a même repris le chien, qu'elle a fait euthanasier le lendemain... Elle m'a envoyé une lettre où elle me disait combien elle était bien avec son amant. J'ai envoyé une copie à la Caisse d'allocations familiales, car elle avait déclaré vivre seule avec les enfants... »

MASCULIN, FÉMININ : DESTIN OU CHOIX ?

Il est mal vu de condamner quelqu'un à un rôle d'après ses chromosomes, et c'est très bien ainsi, car une telle position nous éloigne de notre animalité et nous entraîne vers une civilisation qu'on espère guidée par la pensée et la raison. Cela dit, il y a globalement deux façons totalement opposées d'aborder la différence des sexes. D'un côté, il y a ceux qui préconisent d'ignorer les différences, de ne pas les voir et qui soutiennent que le problème disparaîtra si on dit suffisamment, longuement et unanimement qu'il n'existe simplement pas : l'intérêt d'une telle approche est l'illusion qu'elle donne d'un champ d'action libre et sans limites : il suffit de décider ce qui est pour qu'il soit effectivement.

Ablatio pénis

Il arrive, mais fort heureusement assez rarement, qu'un geste maladroit au cours d'une circoncision pratiquée sur un nouveau-né abîme irrémédiablement le pénis et le rende non fonctionnel. Ce cas s'est produit en 1956 sur un jumeau monozygote, qu'on a décidé d'élever comme une fille, après avoir procédé à une castration et une reconstruction génitale à l'âge de 21 mois. À 9 ans, la « petite » semblait parfaitement adaptée à cette vie, même si elle se comportait en garçon manqué. Le médecin s'en félicitait et en concluait fièrement que l'identité de genre n'est pas différenciée à la naissance et que l'éducation est essentielle. Seulement voilà : à 14 ans, la « petite » a rejeté son identité féminine et, à 25, elle a épousé une femme et adopté ses enfants. Elle(il) disait n'être attiré(e) sexuellement que par des femmes [Hampson, 1956]...

Passons maintenant de l'autre côté, chez ceux qui mettent en avant les différences, les décrivent et les analysent, sans, pour autant, parvenir à en identifier nettement la cause, oscillant entre l'évolution biologique et l'évolution culturelle. La première hypothèse, celle de l'évolution biologique, impose une situation défaitiste : si la nature nous a façonnés tels que nous sommes, alors il risque d'être plus difficile de changer ; s'il s'agit d'effets culturels, en revanche, une modification du système d'éducation, d'emploi ou de politique devrait *a priori* suffire à corriger la situation. Par ailleurs, le constat de différences biologiques soulève des questions d'ordre philosophique, comme : doit-on essayer de contourner l'ordre naturel des choses et de quel droit, si les rôles sont bien attribués par les chromosomes, oserait-on contrarier le parcours d'une vie à ce point déterminé et frustrer les instincts naturels ? À ces arguments « culture contre nature » s'ajoutent encore les complications d'un environnement changeant. Le monde culturel évolue à grande vitesse, et les conditions qui ont amené la biologie à nous façonner initialement de sorte que nous puissions survivre sont désormais obsolètes : le modèle du couple biologique où la femme procrée et l'homme s'occupe de lui procurer le nécessaire à elle et son enfant n'est plus d'actualité.

Sans préjuger des problèmes qui seront soulevés ni des réponses qu'il faudra apporter, il nous faut avoir le courage d'analyser méthodiquement, et jusqu'au bout, la question de l'existence de réelles différences entre les deux sexes dans l'espèce humaine. La question ne se poserait peut-être pas avec tant d'acuité si on ne relevait des écarts flagrants dans le traitement des hommes et des femmes. Or c'est un fait : les différences de salaire, de promotion et d'accès à certains milieux existent, et l'analyse de leurs raisons peut, à tout le moins, nous aider à imposer un idéal pour tempérer les effets de la biologie ou à isoler ces effets pour les empêcher d'influer. Pour ce faire, l'essentiel en la matière est d'admettre d'emblée, et sans discuter, que la biologie humaine n'est pas politiquement correcte et que l'évolution n'a pas façonné notre espèce guidée par le souci de l'altruisme, mais suivant une seule règle : la survie du plus fort. L'égalité, la gentillesse et même la politesse n'entrent pas dans la formule : pour un, le plus fort, qui a survécu, des milliers ont péri.

Or les comportements qui sont programmés dans le cerveau humain résultent de ce processus cruel et sans pitié. Pour cette raison, nous ne sommes sans doute pas une espèce parfaitement fréquentable à certains points de vue, ce qui ne veut pas dire toutefois que ces comportements, plus ou moins répréhensibles, ne puissent être corrigés. Ce qui est certain, en revanche, c'est que l'on ne pourra y parvenir si on refuse de prendre en compte les effets de la nature afin, justement, de trouver un équilibre acceptable entre ce qui relève de la biologie et ce qui relève de la culture.

Jusqu'à présent, les études sur l'amour ont insisté sur le rapprochement qu'il entraîne entre deux êtres. Personne n'a mis en doute l'existence de l'état amoureux ou les effets qu'il provoque sur le cerveau des deux intéressés. Ces conclusions, il nous faut désormais les prolonger et voir, notamment, si l'amour, par son existence même et l'importance de son action sur le cerveau, n'est pas la plus belle preuve que les sexes de l'espèce humaine sont fondamentalement différents. Plutôt qu'un symbole d'union, il devrait alors être interprété comme le signe ultime de la distinction, ce qui, si l'hypothèse se confirmait, ne serait pas sans conséquence sur la vie des hommes et des femmes en société, mais aussi sur le couple, la famille et même l'homosexualité.

CHAPITRE 2

Il y a deux sexes : un point, c'est tout !

Il semble si simple de réunir un spermatozoïde et un ovule pour faire un enfant : les deux corps se rapprochent sereinement et voilà que le marché de la reproduction est conclu. Malheureusement, dans notre système sexué, les choses sont toujours un peu plus complexes qu'elles n'y paraissent. Le fait que nous ayons deux bras, deux jambes, une tête, des pieds, etc., que nous puissions les habiller de la même façon, a tendance à nous faire oublier ce qui se cache sous les vêtements. Sans compter que le sexe ne se résume pas à un pénis ou un vagin et que ces organes ne serviraient d'ailleurs à rien sans des stratégies comportementales adaptées à leur utilisation et inscrites dans le cerveau. Et ce sont ces stratégies qui sont à l'origine des différences fondamentales qu'on observe entre les deux sexes ;

ce sont elles qui les rendent incompréhensibles, étranges et si peu fiables l'un pour l'autre... Hommes et femmes n'ont pas les mêmes repères dans la vie ; inutile d'aller chercher s'ils viennent de différentes planètes, on peut rester plus terre à terre et se contenter de dire qu'ils n'ont pas tout à fait le même agenda...

Encore aujourd'hui, la différence des sexes continue de susciter des résistances. Certains soutiennent ainsi qu'elle n'existerait pas à la naissance, mais s'instaurerait après, au cours de la vie, sous l'effet d'une pression sociale et culturelle. Une telle façon de voir résulte sans doute du dualisme qui caractérise encore notre manière de percevoir notre fonctionnement : nous faisons abstraction du corps et considérons que tout ce qui est intéressant et valable chez l'être humain est la pensée qui se manifeste par l'écrit, la parole, le dessin ou l'art. S'entretient ainsi l'idée que le corps est entièrement au service du cerveau et qu'il sert uniquement à procurer la nourriture et l'oxygène nécessaires pour alimenter les neurones qui effectuent le travail essentiel : l'activité cognitive.

Si c'était le cas, on n'aurait, en effet, aucune raison de vouloir différencier un cerveau mâle d'un cerveau femelle, la fabrique de la pensée mettant en jeu d'un côté et de l'autre les mêmes capacités intellectuelles ; quant à nos conditions de vie en société, toujours dans cette hypothèse, elles dépendraient uniquement des décisions prises par les grands penseurs que nous sommes. Seulement voilà, si tel était vraiment le cas, il nous faudrait expliquer pourquoi, par exemple, tant de personnes sont obligées de lutter activement contre leur surpoids – un cerveau qui dicterait son comportement au corps ne devrait pas avoir autant de mal à imposer le début comme la fin des repas. Ou pourquoi un homme d'affaires, avec femme et enfants, bien installé dans la vie, laisse soudain tomber toute sa petite famille pour vivre une histoire passionnelle avec sa collègue de bureau. Ou encore pourquoi toutes les mères tombent amoureuses de leurs enfants, mais très peu de mères aiment beaucoup leurs beaux-enfants... La thèse selon laquelle le cerveau pense et dicte ses règles par le biais d'une volonté plus ou moins ferme selon les individus séduit tous ceux qui veulent ignorer la chair. Certes, pour certaines activités comme la production artistique, la transmission de savoir ou l'élaboration de lois, la volonté et le raisonnement sont à placer au premier plan, mais peut-on vraiment faire abstraction, si on veut comprendre le fonctionnement du cerveau, de toutes les autres influences, quasi automatiques et souvent « basiques », au sens d'« essentielles » pour la survie, qui viennent du corps et de ses interactions avec l'environnement ?

Passons maintenant à la thèse opposée. Ceux qui mettent le corps au centre des mécanismes intervenant dans le fonctionnement du cerveau expliquent nos comportements et la structure de notre société par les exigences de survie imposées par l'évolution. Les signes d'attirance entre deux partenaires sexuels, l'appétit féroce que nous montrons pour tout ce qui est gras et sucré, notre peur des araignées, des serpents ou des lions, notre méfiance pour les gens que nous ne connaissons pas... : tout cela résulterait des conditions de vie imposées par la nature et de la survie de ceux qui ont su développer des comportements adaptés pour faire face efficacement à ce genre de menaces. Dans cette hypothèse, il ne s'agit plus de stratégies élaborées par la conscience, mais plutôt de stratégies « automatiques » par lesquelles le cerveau agit comme coordonnateur des fonctions du corps – pour le dire autrement, ce n'est plus le corps qui est au service du cerveau mais plutôt le cerveau qui est au service du corps.

ÊTRE À L'ÉCOUTE DE SES GLANDES

Évidemment, il est toujours permis de contester l'une et l'autre thèse sous prétexte que personne en 2007 n'a encore été capable de démontrer, preuves scientifiques à l'appui, comment fonctionne le cerveau humain, notamment pour ce qui est des mécanismes de la pensée. Il n'existe pour le moment que des hypothèses et des suppositions, voire des extrapolations, fondées sur ce que l'on a expérimenté sur l'animal, et toutes ces propositions, quelles qu'elles soient, attendent d'être mises à l'épreuve, vérifiées et validées. Cela dit, l'observation et l'analyse des réactions du cerveau humain constituent des approches analytiques accessibles à chacun, et si nous ne sommes encore sûrs de rien sur un plan purement scientifique, nous pouvons à tout le moins examiner nos propres sensations et les rapporter aux actions qui les précèdent et à celles qui en découlent. Cette expérience menée sur soi permet aisément de constater le rôle important que joue son propre « milieu intérieur », c'est-à-dire tout ce qui se passe dans son corps, quand il s'agit de prendre des décisions. Et ce point est corroboré par toutes les études scientifiques qui ont établi de façon incontestable que ce sont les mêmes messagers qui entrent en jeu dans la communication entre plusieurs parties du corps, mais aussi entre le corps et le cerveau pour accomplir les actions nécessaires sur un plan vital.

Prenons un exemple concret : l'envie de manger. Cette envie résulte de l'intégration d'un grand nombre de messages, dont la plupart viennent du corps pour signaler les besoins en nourriture. À l'arrivée, avec le plaisir pris à manger, la boucle est bouclée et la bonne action que l'on a faite pour son corps se trouve récompensée en même temps qu'est affinée la traduction des messages provenant de son corps : plus grand est le plaisir, plus adapté est l'aliment ingéré et, de cela, le cerveau se souviendra la prochaine fois, au moment de choisir ses aliments, grâce au passage en mémoire des messages neuronaux. Or ces messages qui sont intégrés par le cerveau proviennent du corps, puisqu'ils sont fournis par le taux de sucre, les divers peptides libérés dans l'intestin lors de la digestion ou ceux, comme la leptine, qui signalent le taux de réserves alimentaires dans le corps.

Attardons-nous sur la leptine dont on sait qu'elle est libérée par les cellules graisseuses : plus celles-ci sont pleines, plus il y en a en circulation. Sur place, au niveau des cellules graisseuses, cette hormone agit comme inhibiteur

Allô, le cerveau ? Ici l'intestin...

Les messages échangés entre l'intestin et le cerveau offrent un bon exemple des moyens mis en œuvre pour que le corps et le cerveau forment un ensemble bien coordonné. Quand on mange, la présence de nourriture provoque la libération des substances nécessaires pour sa digestion et certaines de ces substances s'échappent dans le sang pour être « lues » aussi par le cerveau – c'est le cas de la cholecystokinine (CCK), du peptide YY ou de la polypeptide pancréatique. Ces peptides agissent alors directement sur des neurones situés dans le centre de satiété de l'hypothalamus, lequel fait alors son affaire d'une inhibition du comportement alimentaire [Chaudhri, 2006 ; Murphy, 2004 ; Burdakov, 2002]...

de la fabrication de graisse, ce qui est logique, puisque sa présence en grande quantité implique que le corps possède déjà assez de réserve de gras et que, par conséquent, il peut se permettre de « gaspiller » une partie des ressources fournies. En même temps, cette leptine est transportée par le sang au cerveau, où elle agit également sur l'hypothalamus comme messager de rassasiement pour couper l'envie de manger – et c'est ainsi qu'on passe devant la pâtisserie sans s'arrêter... Les effets corporels sont donc soutenus par des effets comportementaux : le cerveau et le corps fonctionnent ensemble et en utilisant les mêmes messagers [Bates, 2004]. Cela n'implique pas que l'hypothalamus dirige seul nos comportements alimentaires : même quand le taux de leptine ou d'autres peptides en circulation indique au cerveau que le corps a besoin d'aliments, car les réserves sont faibles, il est possible de résister à l'envie de manger. En effet, le nombre de zones dans le cerveau qui convergent vers l'hypothalamus est grand et notre appétit est aussi affecté par la température extérieure, la longueur de la journée, le cycle menstruel, la variété d'aliments disponibles, l'hostilité d'un contexte qui nous fait peur, ce qu'on a lu la veille sur les propriétés médicinales de certains aliments ou encore les photos de mode qui rappellent l'importance d'être gracile... Il y a donc une part de décision consciente, réfléchie, et une part automatique selon les informations du corps. La pression relative de chaque influence sur l'ensemble est variable : si on n'a pas mangé depuis deux jours et que nos peptides sont en train de signaler une baisse importante de nos réserves, voire de notre glucose, alors l'envie de manger dans l'hypothalamus risque fort d'être intolérable et il y a fort à parier qu'on aura un mal de chien à résister.

Dans les fonctions du corps, la compréhension des mécanismes en jeu permet souvent d'appréhender l'origine de dérèglements, voire de pathologies. Reprenons notre exemple du surpoids. Esthétiquement peu apprécié par nos temps modernes, il comporterait selon certains des risques pour la santé. D'où la volonté, popularisée par les médias, d'imposer la « taille mannequin » à la population tout entière : ceux qui n'y arrivent pas sont alors stigmatisés pour leur « manque de volonté ». En revanche, quand on connaît l'existence de facteurs hormonaux et neuronaux dans l'équation, facteurs qui dépendent du bon déroulement de toute la machinerie cellulaire, on est conduit à accepter la possibilité de failles génétiques entraînant un dysfonctionnement du contrôle du poids, en dehors de toute volonté. Ayant soupçonné de telles anomalies génétiques chez l'être humain, par exemple dans des familles où tous les individus présentaient un surpoids, les chercheurs ont exploré chez les animaux les effets induits par la modification de certains gènes. Ils se sont ainsi aperçus que des souris qui n'avaient pas de récepteur pour la leptine devenaient obèses, ce qui n'est pas une surprise : si le message qui indique la présence d'une grande quantité de réserves ne peut être lu, comment le comportement pourrait-il, en effet, être modifié dans le sens nécessaire de façon à empêcher d'aller à la recherche de toujours plus de nourriture ?

Pour d'autres fonctions aussi, on sait qu'une partie au moins du contrôle du comportement est fortement liée à des messages corporels. Le stress, par exemple, est souvent considéré comme une sensation diffuse de malaise sans origine précise, même si on parle d'hormones du stress et de bon ou de mauvais stress. Beaucoup de progrès ont été faits dans la compréhension des mécanismes impliqués dans le stress et on sait désormais pourquoi certains individus y sont très sensibles, au point d'en tomber malades, tandis que d'autres arrivent à « relativiser » les à-coups de la vie. Comme pour la prise alimentaire, on retrouve ici l'hypothalamus qui se situe très souvent au carrefour, entre les influences cérébrales et les effets sur le corps, pour la simple raison qu'il dirige directement l'hypophyse – ce « petit pois » situé tout en bas du cerveau et qui garde la main sur tout ce qui se passe dans nos glandes. Toutes les hormones du corps sont, en effet, finement contrôlées par les « facteurs de libération » et les « facteurs d'inhibition » largués par l'hypophyse sous instruction de l'hypothalamus.

Ainsi, le stress ne se résume pas à une impression vague de mal-être. Dans les faits, il recouvre nombre d'effets physiques très concrets qui assurent la survie en cas d'urgence. Si on est attaqué par un prédateur, si on se blesse gravement, si on se trouve en situation de danger physique, il faut que le corps réagisse rapidement en mettant toutes ses ressources au service des mécanismes de réparation, de fuite, de combat ou de protection qui s'imposent. Notre capacité à être stressé est un don fabuleux qui nous a sauvés dans bien des situations extrêmes. Comme Ulysse ou Énée avant eux, Indiana Jones, Harry Potter ou Luke Skywalker ne seraient rien sans un système de stress magnifiquement équilibré qui leur autorise toutes les astuces pour sortir d'un mauvais pas…

Le contrôle du poids et la gestion du stress nous ont apparemment éloignés de la magie de l'amour, mais ils nous ont tout de même permis de saisir certains mécanismes essentiels concernant les interactions du corps et du cerveau. Reprenons. Tout d'abord, il n'y a pas de prise de décision, consciente ou inconsciente, qui n'intègre des informations provenant de différentes zones du cerveau. Certaines de ces informations, par exemple celles de la mémoire, peuvent « remonter » à la conscience et être modifiées par une discussion ou la lecture d'un livre. Si je fais part à une amie de mon amour du chocolat, et qu'elle me répond que, vu leur teneur en gras, toutes les substances chocolatées l'écœurent, cette évaluation sera emmagasinée dans ma mémoire et pèsera sur ma décision finale : est-ce que, oui ou non, je prends le carré de chocolat posé à côté de ma tasse de café ? D'autre part, il existe d'autres informations qui sont également prises en compte, mais qui échappent à notre contrôle conscient. Ainsi nous n'avons pas d'appréciation des taux de neuropeptide YY ou de CCK qui circulent dans notre corps, mais notre cerveau, lui, les connaît ; il les enregistre même pour décider s'il doit nous envoyer dare-dare à l'assaut du buffet ! Gardons donc un peu de modestie face aux discours volontaristes : nous ne sommes pas tous faits de la même façon et quelquefois nos peptides parlent plus fort que notre entourage !

JE T'AIME DE TOUTES MES GONADES !

Oui, mais l'amour dans tout ça ? me direz-vous. Eh bien, il se trouve que, avec lui aussi, il y a intervention d'informations et d'exigences provenant du corps par le biais de messages chimiques qui comptent autant dans les computations cérébrales que les processus de réflexion, de conditionnement et de mémoire. Voilà pourquoi les motivations, les stratégies et les réactions des deux sexes ne peuvent être tout à fait semblables. Reconnaître le rôle des messagers du corps sur le cerveau, c'est en effet admettre, qu'on le veuille ou non, que le cerveau d'un homme et le cerveau d'une femme ne fonctionnent pas de la même façon, puisque leurs corps sont objectivement différents. La prise en compte de ces différences n'implique aucun jugement de valeur ; en revanche, elle conduit à accepter que certaines fonctions masculines passent par des circuits neuronaux spécialisés, la même règle valant pour d'autres fonctions féminines. Pour le dire autrement, refuser d'accepter l'existence de fonctions typiquement masculines ou typiquement féminines, c'est se condamner à devoir imaginer des individus qui se reproduiraient par parthénogenèse, par clonage ou par toute autre méthode que la bonne vieille technique du rapport sexuel.

Or, c'est une évidence et personne ne peut la nier ou l'ignorer, dès la naissance, un garçon est doté d'un pénis et une fille d'un utérus. Au moment de la puberté, ces caractères sexuels primaires sont renforcés par d'autres, nombreux, que l'on qualifie de caractères secondaires, comme les seins, la qualité de la peau, les rondeurs du corps, la gravité de la voix, la hauteur de la taille, l'épaisseur des muscles, la répartition de la pilosité sur le corps... L'apparition de tous ces signes extérieurs est à mettre au compte des hormones stéroïdes sexuelles, c'est-à-dire de la testostérone pour les hommes et des œstrogènes pour les femmes. Il est important de noter que ces hormones, pour avoir un effet, doivent entraîner la production de protéines dans les parties du corps concernées en agissant sur les gènes. Cette réaction entre l'hormone et le gène se fait par le biais de zones de reconnaissance (ou éléments de réponse) qui, en présence de l'hormone, entraînent l'activation du gène pour que se déclenchent les mécanismes cellulaires. Or, comme pour le contrôle alimentaire ou la réactivité au stress, les hormones stéroïdes sexuelles qui agissent sur le corps agissent aussi sur les zones de reconnaissance des gènes dans le cerveau, et il n'est pas exclu que les nouveaux circuits cérébraux qui se mettent en place servent à l'établissement de comportements à visée sexuelle, pour compléter ce nouveau corps reproducteur qui est en plein développement.

Les études scientifiques sont riches d'exemples sur les effets des stéroïdes sexuels sur le cerveau. Chez la rate, par exemple, au cours de la puberté, il y a augmentation progressive du *locus coeruleus*, de telle manière qu'à l'âge adulte, on observe une différence marquée de taille entre les sexes. Or c'est le *locus coeruleus* qui fabrique la plus grande partie de la noradrénaline dans le cerveau, avec projections vers pratiquement toutes les zones. Ce *locus coeruleus* est, en outre, très sensible aux informations sensorielles nouvelles et joue plus particulièrement un rôle dans l'attention et la vigilance. On a montré récemment que cette différence apparaissait aussi à un niveau fonctionnel puisque les rates sont beaucoup plus réactives au stress que les rats [Curtis, 2006]. Toujours chez le rat, le dimorphisme sexuel est perceptible au niveau du cortex visuel qui est plus important chez le mâle, en raison de la mort des cellules de cette zone pendant la puberté, que chez la femelle qui demeure sous le contrôle de ces hormones sexuelles. Notons enfin que l'organe voméronasal qui capte les phéromones si utiles dans la phase de reconnaissance mutuelle des partenaires sexuels fait partie des zones qui ne sont pas identiques chez le mâle et la femelle [Segovia, 2006]. Et chez l'humain ? Chez lui aussi, on constate des différences

– par exemple, un hippocampe plus grand chez la fille après la puberté ou une amygdale plus développée chez le garçon [Sisk, 2005], et si ces différences n'ont toujours pas, à l'heure actuelle, été clairement rattachées à des comportements typiquement sexués, les études menées sur le sujet semblent toutefois démontrer le rôle de la testostérone et des œstrogènes dans leur développement.

Psychiatrie sexuée

Si le fonctionnement d'un cerveau masculin et d'un cerveau féminin diffère selon l'influence d'hormones stéroïdes, on comprend qu'il puisse exister des différences sexuelles dans la prévalence et la sévérité de certaines maladies du cerveau. De fait, les femmes sont plus sensibles que les hommes à l'anxiété pathologique – phobies ou stress post-traumatique, par exemple. Certes, les hormones féminines augmentent les effets des récepteurs GABA, qui sont aussi la cible des benzodiazépines : la progestérone et les œstrogènes agissent donc comme des anxiolytiques, ce qui est plutôt un avantage, mais, comme leur production est cyclique, quand les taux en circulation sont faibles, il se produit un effet d'échappement des récepteurs GABA, lesquels initient des circuits neuronaux anxiogènes : les femmes se mettent alors à avoir peur... [Seeman, 1997]...

C'est dans le comportement sexuel, qui démarre après l'adolescence, que le cumul de toutes les différences se donne à voir. On ne pense pas forcément aux mécanismes qui sous-tendent les gestes stéréotypiques de l'acte sexuel chez le mâle et la femelle, mais ces gestes sont bel et bien programmés dans le cerveau. Ainsi, si on prive des hamsters de testostérone pendant la puberté par ce moyen radical qu'est la castration et si, après quelques semaines, on leur fournit de la testostérone en vue de les pousser à la copulation, ils restent beaucoup moins performants que des hamsters qui ont été castrés après la puberté et chez qui les circuits neuronaux du comportement ont pu se mettre en place [Sisk, 2005]. Pour les femelles, il en va de même et les hormones provenant des ovaires sont essentielles pour l'acquisition du comportement de lordose. D'autres comportements, moins directement liés au comportement sexuel, mais impliqués dans les stratégies sexuelles, dépendent de la présence de stéroïdes pendant une période spécifique du développement – souvent la puberté, mais aussi quelquefois la période périnatale. Les techniques utilisées par les mâles pour marquer leur territoire, ou se mesurer à d'autres mâles entrent dans cette catégorie. Selon les animaux, les comportements sont différents : certains chantent, d'autres effectuent une sorte de danse, d'autres apportent des cadeaux, mais il y a des traits communs à plusieurs espèces – par exemple l'agressivité des mâles.

Maintenant revenons aux humains. Dans l'espèce humaine aussi, l'existence de comportements stratégiques propres à chaque sexe est plus que probable. On le sait, seule la femme peut tomber enceinte, mettre au monde et allaiter un enfant. Or ce qui peut apparaître à première vue comme une exploitation abusive de l'état féminin, comporte, il faut bien le reconnaître, un grand nombre d'avantages. Le premier de ces avantages, bien évidemment, est la certitude

Ma préférence à moi, ta préférence à toi...

À toutes celles et tous ceux pour qui il est inconcevable que le cerveau d'une femme fonctionne différemment de celui d'un homme, je propose une expérience simple et rapide. Demandez à dix hommes autour de vous s'ils sont plus excités sexuellement par une photo de femme nue ou une photo d'homme nu. Posez ensuite la même question à dix femmes – ou alors, demandez à votre buraliste quel est le pourcentage d'hommes et de femmes qui achètent *Playboy*. Cette différence entre les sexes concernant l'objet du désir est évidente, mais cette évidence sous-entend l'existence en parallèle de toute une série de comportements différents pour atteindre l'objectif reproductif : quelqu'un qui doit « attraper » une femme n'a pas du tout les mêmes préoccupations biologiques que quelqu'un qui doit « attraper » un homme...

d'être parent de l'enfant. En outre, elle peut se permettre de s'économiser au niveau de la production de gamètes : puisqu'une seule grossesse est possible tous les neuf mois, ce n'est pas la peine de produire plus d'un ovule par cycle.

D'un certain point de vue, ces éléments confèrent au sexe féminin une certaine supériorité : la rareté des ovules les rend précieux ; elle fait aussi de la femme un objet de convoitise. À l'inverse, la disponibilité sexuelle des hommes et de leurs spermatozoïdes en nombre quasi illimité offre un grand choix de partenaires : un homme peut inséminer plusieurs femmes le même jour, tandis qu'une fois l'ovule inséminé, une femme n'est plus disponible pendant une période de neuf mois. Cette disparité mathématique conduit logiquement à un déséquilibre entre l'offre et la demande, et on comprend que la stratégie des femmes repose sur la sélection sévère des nombreux candidats, tandis que la stratégie des hommes repose sur la découverte de moyens pour imposer leur offre au détriment des autres candidats. Les stratégies dont ils disposent à cette fin sont nombreuses. Il y a la flatterie, les cadeaux, l'humour et, quand tout a échoué, la carte du dernier recours : la proposition de mariage qui, pour une femme destinée à tomber enceinte et à devenir très vulnérable, constitue une garantie de ressources et de protection. En termes biologiques, une demande en mariage se traduit par un contrat neuronal d'adhésion absolu que l'on appelle l'amour. De l'autre côté, les stratégies femelles se fondent sur la sélection : la nécessité de s'assurer les ressources nécessaires pour soi et son enfant fait que la femme choisit le mâle qui montre le plus de signes extérieurs de richesse et de puissance.

La situation de disparité entre la disponibilité des gamètes mâles et femelles crée une compétition assidue entre les hommes pour obtenir l'accès aux femmes, et les femmes choisiront uniquement parmi les mâles qui ont réussi à les approcher. Cela explique la force physique des hommes, mais aussi leur agressivité et leur tendance incontrôlable à se comparer systématiquement aux autres mâles d'une même assemblée et à vanter leurs prouesses. Cela explique aussi leur maniement de l'humour : le ridicule tue le désir et, en rendant ridicule ses rivaux, un homme gagne toujours des places...

Sourire = soumission

L'avez-vous remarqué ? Les hommes, en situation sociale, sourient moins que les femmes. Cette observation a donné lieu à une explication liée aux stratégies masculines : comme les hommes sont toujours en compétition entre eux, pour empêcher les autres d'accéder à la femme de leurs rêves, ils n'ont aucun intérêt à développer des comportements qui pourraient exprimer la soumission. Les signes d'un excès de sociabilité et d'amabilité seraient ainsi inhibés chez les hommes sous l'influence de la testostérone [Ellis, 2006].

Différentes, les préoccupations des hommes et des femmes le sont donc, mais cette divergence ne créerait pas forcément de discorde fondamentale s'il n'y avait conflit d'intérêts. Or il y a conflit d'intérêts. Une femme enceinte est moins rapide qu'en temps ordinaire, elle est aussi moins agile et dotée d'un appétit plus important ; elle a donc tout intérêt à avoir et à garder près d'elle un partenaire prêt à tout pour lui fournir le nécessaire et la protéger. Cela dit, si elle est intéressée par les ressources matérielles et la force physique que l'homme lui fournit, elle ne pourra jamais être totalement sûre que tout ce qu'il attrape est pour elle... L'homme, lui, vit dans le doute – il ne peut pas savoir si cette femme enceinte porte vraiment son enfant, et il la regarde, du coup, toujours avec un œil soupçonneux et une batterie de reproches prêts à partir ; d'ailleurs, n'étant sûr de rien, il passe son temps à chercher d'autres occasions d'insémination, pour multiplier les chances de se reproduire effectivement. Seulement, le problème se repose : comment, en effet, aller voir ailleurs sans apporter de ressources ? Tel est donc le conflit ancestral qui divise les sexes : les femmes veulent que les hommes leur donnent tout, alors que les hommes veulent donner le moins possible, tout en multipliant le nombre de conquêtes. Le pire est que cette querelle, insoluble, est inscrite dans nos gènes : tels que l'évolution nous a conçus, nous ne sommes pas faits pour nous entendre.

Se rendre compte de la différence fondamentale entre les stratégies masculines et les stratégies féminines aide à mesurer l'importance du remaniement que l'amour doit opérer dans le cerveau pour faciliter l'entente entre les sexes le temps nécessaire pour assurer la conception et la survie d'un enfant. Certes, nous avons évolué depuis l'époque des cavernes et les comportements primitifs sans utilité ont sans aucun doute été gommés de nos cerveaux. L'amour, non : il est toujours là et bien là. Et s'il reste des amoureux, c'est que nous avons encore besoin de l'amour pour assurer la rencontre entre une femme et un homme. Quand ces désaccords auront disparu, alors, oui, à ce moment-là, il est probable que l'amour disparaîtra de notre répertoire comportemental, car il n'aura plus d'utilité.

CHAPITRE 3

Le sexe au bureau

Les stratégies sexuelles excèdent le simple comportement amoureux et se manifestent à toutes sortes de niveaux dans la société, notamment au travail. Il se trouve que le travail est le grand niveleur moderne, à la fois cause et conséquence de la profonde modification qui affecte actuellement les relations entre les hommes et les femmes et qui passe avec tant de mal. Car, s'il est bien un sujet qui fâche et qu'on trouve au cœur du grand malentendu qui divise les deux sexes, c'est sans conteste l'inégalité au travail.

Les chiffres sont sans appel : à poste et expérience équivalents, une femme gagne entre 10 et 20 % de moins qu'un homme, sans parler du plafond de verre qui empêche les représentantes du sexe féminin d'accéder aux fonctions les plus importantes dans les entreprises, la fonction publique et, évidemment, au gouvernement. Il est difficile d'engager la discussion sur ce sujet sans provoquer de vives réactions émotionnelles, tant il existe, quelque part, l'arrière-pensée que, si les femmes n'ont pas le même niveau de responsabilité que les hommes, c'est forcément, au moins en partie, parce qu'elles ne sont pas aussi compétentes professionnellement qu'eux. Naturellement, il est trop facile de laisser entendre, face à un phénomène aussi marqué et universel, qu'il doit y avoir une raison quasi organique expliquant de tels écarts sur le marché du travail. Il y en a une, pourtant, qui vient en douce à l'esprit des hommes, mais aussi de quelques femmes, sans s'annoncer et qu'on fait taire, même si elle reste installée dans un coin du salon de notre cerveau, je veux parler de l'idée que les femmes, de toute évidence, seraient moins intelligentes, performantes, organisées ou simplement capables que leurs concurrents masculins... Cette idée fâcheuse et fausse fait enrager les femmes qui ont vécu des expériences humiliantes d'absence de reconnaissance au détriment de collègues moins performants, moins intelligents, parfois même plus longs à la tâche, mais qui possédaient cet attribut essentiel de la réussite professionnelle : le chromosome Y. Comment faire alors ?

QUE LE MEILLEUR GAGNE, MAIS LE MEILLEUR EN QUOI ?

Dans un tel contexte, parler d'une différence éventuelle entre un cerveau masculin et un cerveau féminin relève de la provocation absolue – cela revient à allumer la mèche qui, à coup sûr, fera exploser les sensibilités féministes et féminines. Pourtant, c'est une erreur, une erreur qui s'explique par le fait qu'on confond volontiers l'intelligence et le cerveau, oubliant la multitude de « fonctions ménagères » que ce dernier effectue, comme s'il était occupé à plein-temps à des exercices de philosophie, des problèmes de mathématiques et, éventuellement, mais juste pour se détendre, des grilles de sudoku.

Même le grand Darwin a dérapé...

Les idées de Darwin étaient géniales dans l'ensemble, mais le père de l'évolution vivait toutefois à une époque hautement sexiste, où les hommes partaient à l'aventure et les petites femmes raccommodaient les chaussettes. Voilà qui pourrait avoir biaisé sa compréhension des capacités féminines et expliquer qu'il ait pu considérer que les hommes étaient supérieurs aux femmes en raison d'une évolution inégale entre les deux sexes, le premier, le fort, étant exposé aux aléas du travail et de la guerre, le second, le faible, menant une vie protégée...

En réalité, parler de différence entre cerveaux, c'est évoquer d'abord et avant tout l'existence d'écarts en matière de sensibilité aux odeurs (nous ne sommes pas tous des dégustateurs de vin incollables ou des « nez » redoutables), d'émotivité, d'anxiété, de motivation, de sommeil, d'agressivité, d'appétit, de peur, de douleur... Toutes sortes de fonctions et de réactions, certaines nobles et d'autres innommables, sont concernées.

La place des femmes dans les Parlements nationaux (à titre d'exemple...)

	Chambre simple ou inférieure	Chambre supérieure ou Sénat	Les deux Chambres
Pays nordiques	40,8 %		40,8 %
Les Amériques	20,0 %	19,3 %	19,9 %
Europe avec pays nordiques	19,7 %	17,5 %	19,2 %
Europe sans pays nordiques	17,6 %	17,5 %	17,6 %
Afrique subsaharienne	16,6 %	18,5 %	16,8 %
Asie	16,5 %	15,7 %	16,4 %
Pacifique	12,4 %	31,8 %	14,5 %
États arabes	9,5 %	6,3 %	8,8 %

Source : http://www.ipu.org/wmn-e/world.htm

Rappelons, pour commencer, que les hommes ont occupé, seuls, le monde du travail pendant des siècles et que les règles qui gouvernent ce monde ont longtemps reposé, et reposent encore, sur les règles gouvernant les relations entre hommes, ce qui est somme toute logique. Quand les femmes ont fait leur entrée dans l'univers professionnel s'est donc posé un problème inédit, celui de leur positionnement par rapport à leurs collègues masculins habitués, jusque-là, à évoluer entre eux. Or le monde professionnel est un milieu artificiel pour lequel l'évolution ne nous a pas préparés, et le cerveau humain, qu'il soit féminin ou masculin, ne sait pas que, dans ce monde-là, il doit faire abstraction des messages sexuels liés au but reproductif, qui sont les principaux messages qu'il sait décoder concernant l'autre sexe. Il aborde donc ce nouveau monde « postrévolution technologique » avec un bagage qui n'est même pas en carton, mais en osier et en chanvre !

Pendant des siècles, les hommes ont bien profité de ce bagage qu'est un cerveau programmé pour la compétition sexuelle : arrivés en premiers, ils l'ont utilisé de telle sorte que le monde du travail suive les mêmes règles d'interactions que la compétition reproductive, laquelle constitue la base des règles comportementales entre êtres humains et se situe très haut sur l'échelle des priorités pour la survie de l'espèce. De cela, on ne peut leur en vouloir : non seulement ils n'en avaient pas d'autres, mais ils n'avaient aucune motivation les obligeant à modifier un jeu qui fonctionnait. L'arrivée des femmes dans le monde du travail a changé radicalement cette donne. Désormais, elles jouent le même jeu professionnel que les hommes, mais en ignorant que, là où elles essaient de se positionner selon des critères objectifs de réussite professionnelle, les mâles continuent, eux, de se positionner selon des critères masculins de réussite sexuelle. Dans n'importe quel groupe s'énoncent en permanence des jugements sur les uns et les autres qui permettent à chacun de se situer sur l'échelle hiérarchique. Ces jugements sont inconscients, ils reposent sur des éléments dictés par l'évolution et la survie de l'espèce il y a bien longtemps : pour les femmes, ce sont les critères de beauté et, pour les hommes, des critères de réussite dans la lutte pour l'accès aux femmes (la force physique, la grosse voix, la richesse). Or, compte tenu de ces derniers critères, les femmes n'ont que peu de chances de l'emporter lorsqu'elles veulent s'immiscer dans un groupe de mâles, pour la simple raison qu'elles ne sont pas des hommes et que, par conséquent, dans les jugements de valeur qui précèdent les jugements objectifs portant sur les seules compétences professionnelles, elles ne tiennent donc pas la route et partent avec un désavantage d'estime. Sans compter le fait que, dans le même temps, elles font figure d'objet sexuel dans la compétition à laquelle se livrent les mâles. D'où une double confusion quant à leur place parmi eux : parce qu'elles sont leurs rivales dans le travail, elles devraient se mesurer aux hommes ; or cette évaluation se fait selon des critères de rivalité sexuelle dont, comble du comble, les femmes sont elles-mêmes la cible en tant que femmes.

« Après vous, je vous en prie... »

L'être humain fait partie des grands primates, mais tous nos cousins singes n'ont pas organisé leur vie sociale de la même façon. Au lieu de vivre en couple, il y en a qui se sont par exemple organisés en groupe. Dans ce cas de figure, on observe que les mâles ont une importance plus ou moins grande auprès de l'alpha mâle (le grand chef) et que la hiérarchie de groupe est régulièrement testée et ajustée selon des critères propres à l'espèce (généralement les luttes physiques jouent un rôle décisif...). Cette hiérarchie est elle-même étroitement liée à la stratégie sexuelle : le chef a un accès privilégié aux femelles lorsqu'elles sont en œstrus et tous les autres mâles s'écartent pour le laisser passer. Voilà pour le règlement officiel, mais des manœuvres frauduleuses ou inavouées doivent tout de même être possibles, car des chercheurs qui faisaient des tests ADN pour vérifier la paternité des petits du groupe ont en effet constaté que les mâles situés tout en bas de la hiérarchie s'étaient débrouillés pour approcher les femelles, sans doute par des moyens peu orthodoxes, et avaient réussi à engendrer un nombre considérable de petits...

PETIT CATALOGUE DES FACTEURS ACTUELS DE RÉUSSITE PROFESSIONNELLE (OU DE L'IMPORTANCE DE NE PAS ÊTRE UNE FEMME...)

Les hommes sont perpétuellement dans des rapports de rivalité : leur quête éternelle pour placer leurs spermatozoïdes au détriment des autres hommes est même constitutive ! Dès lors, il suffit que deux mâles, ou plus, se croisent pour qu'ils se mettent aussitôt à cocher un certain nombre de cases dans la grille de leur cerveau (inconscient et conscient) afin de déterminer leur niveau hiérarchique respectif. L'évolution leur a fourni tous les outils nécessaires à cette lutte et ils s'en servent dans le monde du travail, comme nous allons maintenant le voir.

La taille

Quand toute négociation a échoué, quand on a épuisé les possibilités de compromis, quand la compréhension de la position de l'autre n'est plus possible ou même souhaitée, alors il reste le recours à la force. Si le recours à la force n'était pas aussi systématisé, nul doute que les hommes n'auraient pas développé la musculature et la stature qui sont les leurs. Cela dit, quel que soit le domaine, ne nous leurrons pas sur la finalité de ce recours à la force. En effet, tous les combats qu'un homme peut mener dans sa vie ont un seul et même objectif ultime, à savoir lui permettre de se reproduire. C'est d'ailleurs la raison pour laquelle, dans l'espèce humaine, l'évolution a privilégié le développement physique des représentants du sexe masculin sur le sexe féminin : il n'est pas de population au monde, où le paramètre de la taille ait été testé, qui ne montre les hommes plus grands que les femmes [Eveleth, 1975]. Entre hommes aussi, la taille est, parmi les nombreux indices qui entrent en jeu lors de la rencontre, un facteur important de comparaison et d'évaluation mutuelle.

Le développement musculaire illustre bien le double effet de la testostérone sur le corps et le cerveau. En effet, l'hypertrophie des muscles masculins se fait grâce à l'action de cette hormone sur les gènes, lesquels, une fois activés, permettent la production des protéines contenues dans les fibres musculaires. Je n'apprends sans doute rien ici aux fanatiques de la musculation et à tous ceux qui, sans céder à la tentation eux-mêmes, ont pu observer sur d'autres les transformations flagrantes induites par la prise d'« anabolisants », c'est-à-dire d'hormones stéroïdes sexuelles masculines, pour amplifier le fruit de l'exercice physique. Et si l'alimentation joue également un rôle sur la croissance musculaire, c'est d'ailleurs aussi à cause de la testostérone puisqu'elle accroît l'appétit pour les sources de protéines [Asarian, 2006]. L'expérience, très fréquente en physiologie, qui consiste à observer le comportement d'un rat après castration a amplement démontré que l'ablation des testicules réduit l'envie de manger. Certains lecteurs jugeront normal qu'après une opération pareille, l'appétit passe au second plan ; pourtant, si cette première misère est suivie d'un implant ou d'une injection de testostérone exogène, la faim revient chez le rat castré, preuve qu'il s'agit bel et bien d'un effet de l'hormone sexuelle mâle.

Si la prise de forces pendant la période de différenciation sexuelle à la puberté fait partie des stratégies de compétition entre mâles, reste encore à voir comment la force physique et son évaluation s'intègrent à notre vie moderne. Quand on travaille toute la journée derrière un bureau, il est strictement interdit de laisser libre cours à ses instincts pour, par exemple, appliquer le châtiment corporel à ses collègues. On est donc en droit d'en conclure que la taille physique n'est pas un critère de choix pour la nomination d'un directeur ou une belle promotion. De fait, si le fonctionnement du cerveau avait été organisé, sur plan, par un architecte raisonnable, il est probable que l'évaluation et la hiérarchie sociale qui en résulte auraient reposé sur d'autres critères que la masse physique. Malheureusement, notre cerveau a été construit par l'évolution et nous allons au bureau avec pratiquement le même cerveau qui nous a servi, il y a dix mille ans, pour nous débrouiller et survivre dans les grottes au bord de la Dordogne. La conséquence en est que le chef du groupe continue de s'imposer, au moins en partie, grâce à ses mensurations : toutes les études scientifiques confirment que le succès et les revenus sont corrélés à la taille physique [Judge, 2004].

Maintenant, que fait notre homme de Cro-Magnon derrière son ordinateur, Blackberry à la main, grosse voiture au garage, quand on lui présente la nouvelle collaboratrice, récemment promue, qui va prendre le bureau à côté du sien ? Naturellement, malgré tous ses efforts et les bonnes intentions qu'on lui prête, il cède à son premier réflexe et juge de l'éligibilité de la dame en tant que partenaire sexuelle potentielle. Passé cette première catégorisation quasi instinctive, ancrée depuis fort longtemps dans son cerveau, notre Cro-Magnon contemporain va faire de son mieux, avec les moyens cérébraux à sa disposition, pour évaluer la nouvelle venue en tant que camarade éventuelle, en appliquant les critères qu'il utilise habituellement pour ses collègues masculins. Et le compte est vite fait : sur ce plan-là, la recrue ne fait littéralement pas le poids, et se trouve, du coup, reléguée à une position basse dans la hiérarchie. Précisons, pour ne pas pousser à des conclusions hâtives, que les études qui ont établi une corrélation entre la taille physique et le niveau hiérarchique au travail ont abouti à des résultats identiques à l'intérieur d'une population strictement féminine : ce sont, en effet, les plus grandes qui ont le plus de chances d'être chefs. Un tel constat concernant la taille et la réussite chez les femmes a deux conséquences : d'une part, il confirme le fait que les hommes mesurent inconsciemment et en partie la valeur de leurs camarades en se fondant sur la taille physique et, d'autre part, il permet d'invalider la thèse, extrêmement misogyne mais encore en vigueur, qui veut que les femmes qui ont de l'avancement doivent leur promotion à d'hypothétiques faveurs sexuelles qu'elles auraient prodiguées... Pour que ce soit vrai, en effet, il faudrait pouvoir établir un rapport entre la taille et la volonté de séduire, ce qui n'est pas le cas... D'ailleurs, les femmes des pays nordiques, plus grandes en moyenne que celles des pays du Sud, sont aussi celles qui ont réussi le mieux à s'imposer dans le monde des cadres supérieurs ou des instances gouvernementales. Or on prête à ces pays une politique de parité entre les sexes plus vigoureuse que partout ailleurs, même s'il n'est pas exclu que la biologie – la taille de ces grandes femmes – y soit pour quelque chose...

La voix

L'un des caractères sexuels secondaires qui cause le plus d'embarras aux garçons à la puberté est la transformation de leur voix. Sous l'influence de la testostérone, une voix fluette, partie en clef de sol, passe alors par un stade d'incertitude absolue avant de se poser, en fin de mue, en clef de fa. Le résultat final dépend de la taille atteinte par le larynx, ce qui est fonction du taux de testostérone en circulation pendant cette période, et de la sensibilité du larynx à cette hormone si symbolique de l'état mâle. On a pu établir une corrélation entre le taux de testostérone et la qualité de la voix des chanteurs : plus la voix est basse et plus l'hormone est présente et il n'y a donc pas à s'étonner que les ténors en aient moins que les basses et les barytons. Le mode d'action de la testostérone pour changer la qualité de la voix masculine se fait par plusieurs mécanismes physiques qui contribuent à la production de l'effet final. Outre le larynx et le système résonateur, sont aussi impliqués la capacité respiratoire, la longueur et la largeur du cou, les sinus paranasaux qui sont, tous, beaucoup plus importants chez l'homme que chez la femme [Harries, 1997]. L'ensemble de ces changements finit par aboutir à cette voix typiquement masculine, basse par la fréquence du son et forte par la puissance sonore.

Ces faits étant rappelés, il est étonnant de constater qu'on ne parle jamais de la signification d'une voix grave, alors même qu'on cite volontiers la voix comme l'un des attributs possiblement « sexy » chez l'autre. Pourtant, le lien entre la gravité de la voix et le taux de testostérone laisse penser qu'il y a sans doute un lien avec les stratégies sexuelles. En premier lieu, il est probable que la voix fait partie des multiples signaux qui marquent la différence entre les sexes. À la puberté, quand le moment est venu de chercher un partenaire sexuel, il faut bien que le cerveau dispose d'indices fortement rattachés au sexe opposé pour pouvoir les mettre en relation avec le centre de plaisir. La voix masculine, grave et puissante, en est un, incontestablement, et c'est le raccordement de la différence perçue par ce biais au plaisir qui explique le bonheur éprouvé en présence de l'autre sexe, si caractéristique de l'état amoureux.

Idéalement, si tous les sens sont activés, la corrélation entre le partenaire potentiel et le plaisir ressenti sera maximal. On le sait, les odeurs et les phéromones jouent un rôle majeur dans le choix du partenaire, ainsi que la vision de certaines formes comme le visage, le corps, les seins... Le toucher, autre sens très fortement relié au plaisir, apporte également nombre d'informations sur la qualité de la peau de l'autre. Il ne manque que l'audition pour compléter la panoplie sensorielle qui va programmer le cerveau amoureux, et c'est là que la voix intervient, si on admet qu'elle livre des informations capitales pour l'éligibilité éventuelle de son propriétaire dans la concurrence sexuelle à laquelle se livrent les mâles. De fait, rien qu'en disant : « Bonjour, je m'appelle Bond... James Bond... », c'est-à-dire avant même de nous éblouir par ses connaissances, son humour ou des signes extérieurs de son importance, un homme nous communique indirectement des renseignements sur son âge et sa taille physique, c'est un fait attesté : les femmes peuvent évaluer correctement ces deux paramètres physiques en entendant le son d'une voix masculine [Collins, 2000]. Ces données biologiques permettent de comprendre un phénomène jusqu'alors jugé très mystérieux : si on admet que la voix est un des stimuli sensoriels relié au centre du plaisir *via* l'ocytocine – et le plaisir provoqué par le son de la voix de son amoureux semble aller en ce sens –, alors on conçoit aisément qu'on puisse tomber amoureux par téléphone et le fait que la voix soit porteuse d'informations fortement impliquées dans le choix inconscient du partenaire sexuel ne fait que conforter encore cette hypothèse.

Outre l'identification de la cible sexuelle qu'elle autorise, la voix entre également en compte dans la compétition des mâles. Une reconnaissance inconsciente de la relation entre la qualité de la voix et le taux de testostérone en circulation s'opère en effet : la voix relaie, de cette manière, le degré de force physique et le niveau d'agressivité de son propriétaire [Bruckert, 2006]. D'ailleurs, cette reconnaissance n'est pas qu'inconsciente, et les hommes aiment bien plaisanter sur le « bel organe » de celui qui n'a pas besoin de micro pour s'exprimer en public, faisant ainsi spontanément le lien entre la voix et le sexe. Une autre étude, menée auprès de femmes cette fois, atteste que plus la voix masculine entendue est grave et plus le poids de son propriétaire est estimé élevé et (bizarrement, je suis d'accord) l'existence de poils sur sa poitrine jugée probable [Collins, 2000]. Or ces deux facteurs sont, bel et bien, en rapport avec le taux de testostérone qui circule. Une autre étude scientifique a, quant à elle, établi qu'un homme qui parle à un collègue qu'il considère comme son supérieur hiérarchique aura tendance à monter le timbre de sa voix, alors qu'il le baissera volontiers en présence d'un collègue qu'il voit comme son inférieur, s'imposant ainsi comme son chef ! De façon tout aussi significative, quand on a demandé à des hommes d'évaluer des voix anonymes, on s'est rendu compte qu'ils prêtaient systématiquement une stature sociale et physique plus imposante à ceux qui avaient les voix les plus graves [Ohala, 1983].

Et la voix des femmes dans cette histoire ? me direz-vous. Eh bien, comme pour la taille, leur voix généralement plus aiguë et fluette ne leur permet pas de jouer dans la même catégorie et d'être reconnues comme des rivales par le groupe de mâles. Cela dit, même si deux paramètres sont d'ordre physique et, donc, difficilement contournables, rien n'exclut de croire qu'une prise de conscience de leur existence puisse faire beaucoup pour limiter leurs effets. C'est beaucoup moins certain, comme nous allons le voir maintenant, pour d'autres paramètres, utilisés activement par les hommes pour s'imposer et qui sont de nature comportementale.

L'instinct tueur

C'est un fait : si on veut être chef et s'imposer aux autres, il faut une certaine dose d'agressivité et ne pas avoir peur de voir les autres souffrir. Évidemment, une personne particulièrement sensible à l'« empathie », qualité qui permet de se mettre à la place d'autrui et d'éprouver ses joies comme ses peines, partira avec un handicap sévère : quand on veut battre les autres, il ne faut pas se laisser influencer par les effets que la défaite produira chez eux ; il ne faut penser qu'à soi et sa réussite. Et, en ce domaine, les femmes sont doublement désavantagées quand s'engage le combat pour les meilleures places, car non seulement elles n'ont pas l'agressivité chevillée au corps comme les hommes, mais elles sont trop empathiques pour rester indifférentes aux blessures narcissiques de leurs collègues.

L'agressivité au masculin et au féminin

Quand on est le plus grand et le plus fort du groupe, on ne se met pas timidement dans un coin pour faire gonfler discrètement ses muscles sous sa chemise ; au contraire, on profite de toutes les occasions pour les montrer aux autres et rappeler ainsi sa supériorité physique. Dans les groupes de primates, le mâle dominant réaffirme sa place régulièrement par une démonstration de force et, selon les rites du groupe, le perdant peut rester en situation de conflit ou accepter sa défaite et assumer sa position d'infériorité. Dans le groupe de primates que sont les êtres humains, au vingt et unième étage de leur tour industrielle, habillés en costume et entourés de gadgets électroniques, on ne se tape pas la poitrine, on n'ouvre pas grand la bouche et on ne se jette pas, en faisant de grands bonds, sur ses adversaires : les codes du combat ont changé par rapport à ceux de nos cousins singes. Cela dit, l'animal est toujours là sous la cravate. La place centrale que l'on s'attribue en réunion, la taille des bureaux, la façon de placer et bouger son corps ou encore les coups de sang sont autant de moyens modernes pour continuer la lutte. Les femmes peuvent appliquer les mêmes techniques, certes, mais il faut croire que le cœur n'y est pas vraiment. Dans toutes les espèces étudiées, on observe, en effet, un déséquilibre dans les comportements agressifs qui sont plus évidents chez les mâles que chez les femelles. Or, une fois encore, est-il besoin de rappeler que le comportement agressif est lié au taux de testostérone, dont les hommes sont plus richement dotés que les femmes ?

Le taux de testostérone augmente chez l'homme à la puberté : on connaît ses effets sur le développement des caractères sexuels, mais cette hormone coordonne aussi l'ensemble des éléments qui composent la stratégie sexuelle masculine. Sous son influence, la croissance des organes sexuels s'accompagne de la croissance des muscles qui seront nécessaires pour s'imposer dans le groupe de mâles en vue de gagner sa place auprès d'une femme. Et ce n'est pas tout : la testostérone agit encore sur le cerveau afin que les muscles hypertrophiés soient utiles de manière optimale, en favorisant une attitude agressive chez le jeune pubère. Notons que ce fait biologique se répercute d'ailleurs jusque dans les tarifs des compagnies d'assurance qui parlent de « testostérone toxique » chez les jeunes garçons âgés de 18 à 25 ans qui sont impliqués dans plus d'accidents et de meurtres que le reste de la population. En fait, la période de la puberté sert à imprimer dans le cerveau des stratégies d'attaque pendant que les modifications corporelles préparent le jeune homme à la confrontation physique.

Évidemment, on ne peut pas dire que les femmes ignorent l'agressivité : nous avons tous rencontré un certain nombre de dragonnes sur notre chemin. Toutefois, l'agressivité au féminin n'est pas liée à un besoin biologique d'attaque ou de provocation, mais à un besoin de protection : dans la plupart des espèces, une femelle devient agressive après la naissance de ses petits. Parce que les modifications hormonales impliquées ne sont pas les mêmes que pour les mâles, le rôle majeur de l'agressivité féminine concerne la défense plutôt que l'attaque.

Comportements d'agression dite maternelle (chez madame la rate)

Comportements offensifs :

- Attaques latérales pour mordre le dos de l'étranger.
- « Saut » de face pour mordre la gueule et le cou de l'étranger.

Comportements défensifs :

- Piloérection.
- Levée sur pattes arrière.
- Dos rond.
- Boxe debout.
- Immobilisme.

Ainsi, chez la maman rate, la présence des ratons change-t-elle son comportement vis-à-vis des visiteurs qui rôdent près du nid : la défense acharnée des petits est une priorité pour la survie pendant la période de leur très grande vulnérabilité. On a même pu montrer que l'agressivité des femelles augmentait dès la dernière semaine de gestation, apparemment sous l'effet des œstrogènes et de la progestérone, les comportements agressifs s'accentuant encore après la naissance des bébés. Fait encore plus notable : on est parvenu à induire le même type de comportement chez des rates vierges auxquelles on injectait des œstrogènes et de la progestérone à des taux caractéristiques de fin de gestation, avant de les mettre en contact avec des nouveau-nés [Lonstein, 2002]. Dans cette affaire, il n'y a donc pas d'implication de la testostérone. En outre, le comportement agressif de la mère a une durée de vie relativement limitée et s'estompe petit à petit pour disparaître au moment du sevrage ; le fait que des mamans rates privées de tout stimulus sensoriel (pas de contact, pas de tétée, pas d'odeur, etc.), parce que privées de leurs petits qui ont été enlevés de la cage, perdent toute agressivité, ne fait que confirmer ce point.

Les données rapportées ci-dessus sont certes caricaturales, et il existe, bien sûr, des femmes agressives. Je précise aussi immédiatement que l'agressivité féminine, qui a comme objectif la défense des petits, n'est pas plus « noble » ou plus « gentille » que l'agressivité masculine : l'objectif, dans une certaine mesure, est le même, puisqu'il s'agit de garantir la reproduction de ses propres gènes. Cela étant dit, quand on analyse l'ensemble des situations qui se prêtent à une réponse agressive, et qu'on observe les réponses utilisées dans plusieurs cultures, force est de constater que l'usage de l'agressivité est majoritairement masculin.

Les 7 voies de la colère

Voici les 7 principales situations où l'agressivité est utilisée en situation transculturelle comme solution adaptative à la vie en société [Buss, 1997] :

1. S'emparer du bien d'autrui.
2. Se défendre contre une attaque.
3. Faire du mal à un rival sexuel.
4. Négocier sa place dans la hiérarchie.
5. Dissuader quelqu'un de faire quelque chose.
6. Empêcher son partenaire d'être infidèle.
7. Éviter de gaspiller des ressources pour des enfants qui ne sont pas génétiquement liés.

Maintenant intégrons toutes ces données biologiques au comportement de bureau. On en déduit que les femmes n'iront pas provoquer un collègue, car elles ne sont pas dans la compétition des mâles. On en déduit aussi que les hommes *a priori* n'iront pas provoquer les femmes, car elles ne sont pas en compétition avec eux. La position des femmes est donc claire : étant l'objet de la compétition des hommes, elles ne sont pas soumises à leurs attaques, mais, n'étant pas considérées comme des figures rivales par les cerveaux masculins imprégnés de testostérone, elles ne peuvent pas non plus être intégrées comme des collègues de travail à part entière.

La testostérone n'encourage pas à l'empathie...

Après l'agressivité, passons maintenant à l'empathie. Cette qualité « humaine », qui rend très pénible le fait, voire l'idée de faire mal à quelqu'un, constitue le second désavantage de l'état féminin si, du moins, on a en vue la réussite dans les luttes de pouvoir. Je ne suis pas en train de dire que les hommes sont incapables de se mettre à la place d'un autre, d'imaginer son malheur ou son bonheur ; en revanche, j'affirme, comme nombre de chercheurs scientifiques qui ont travaillé la question, que l'empathie, le partage d'émotions, est plus développée chez les femmes. Mais comment, me direz-vous, est-il possible d'évaluer dans un laboratoire le niveau d'empathie de quelqu'un ? Est-ce qu'on pèse le nombre de Kleenex après le récit d'une expérience douloureuse ? Est-ce qu'on chronomètre les fous rires partagés ? Non, la réalité est plus sobre. Il se trouve que, de manière involontaire et presque incontrôlable, les mécanismes cérébraux de l'empathie nous poussent à sourire quand nous regardons un visage souriant ou nous font froncer les sourcils devant un visage en colère [Hermans, 2006]. En mesurant la contraction de certains muscles du visage par un électromyogramme, on a donc pu démontrer que des femmes traitées préalablement par testostérone se montraient moins empathiques en regardant des visages expressifs que des femmes qui n'avaient reçu aucun traitement. D'autres études ont, elles, mis en évidence la corrélation entre l'empathie et le taux de testostérone naturel chez les hommes, même si ce dernier est parfois très variable.

Reprenons maintenant le même problème, mais dans l'autre sens, et demandons-nous pourquoi les hommes ont moins d'empathie que les femmes. Sans aucun doute parce que perdre la face pour un homme ne peut pas avoir le même sens que pour une femme. Une femme n'est pas en situation de concurrence biologique et elle n'a pas besoin de montrer qu'elle est la plus forte. Pour un homme, en revanche, et je l'ai déjà dit dans le chapitre précédent, toutes les batailles menées pour s'imposer ont un but : se reproduire, et il est par conséquent naturel que son cerveau ait incorporé une notion d'urgence et d'importance vitale quand il se compare aux autres hommes. Sa motivation pour l'emporter va bien au-delà des objectifs visibles – un plus grand bureau, un meilleur salaire ou une équipe de « collaborateurs » digne de ce nom ; elle est liée fondamentalement à la transmission de son patrimoine génétique aux générations suivantes. Parce qu'une femme est, elle, assurée de transmettre son patrimoine génétique et n'a pas besoin d'entrer en compétition pour gagner ce droit, l'absence ou la perte de signes de pouvoir ou de réussite au bureau n'a pas de connotation essentielle à ses yeux. On comprend que, dans de telles conditions, la lutte soit toujours menée de manière plus féroce par un homme que par une femme. Pour le formuler encore autrement, on peut dire que deux êtres ordinaires en situation de concurrence au bureau n'ont pas le même potentiel naturel, si l'un est de sexe masculin et l'autre de sexe féminin, pour la simple raison que les armes distribuées pour cette mission n'ont pas été réparties équitablement.

La frime

D'une certaine façon, la frime est une opération de marketing que l'on mène à propos de soi-même auprès de ses supérieurs et collègues. C'est un atout considérable pour qui entend occuper le terrain mieux que son voisin et, naturellement, c'est un atout typiquement masculin. Dès que la compétition est ouverte pour l'accès aux femmes, tous les moyens sont bons pour gagner, y compris la triche, et l'être humain, parmi tous les primates, se trouve doué d'une faculté très utile pour cette tâche : la parole ! Il s'en sert pour souligner, compléter, cacher ou contredire la vérité quand celle-ci ne lui suffit pas pour atteindre son but.

Je l'ai dit, la vantardise est surtout une pratique masculine, mais nous en avons tellement l'habitude que nous n'y faisons plus attention. Sensibilisés à la question, nous en trouvons pourtant d'innombrables illustrations rien qu'en écoutant les conversations autour de nous. Un très bon exemple est fourni par les « dîners en ville », où quatre à six couples sont séparés et disposés autour d'une table suivant l'alternance traditionnelle homme/femme. En début de soirée, chaque homme commence par profiter du nouveau public qui lui est offert pour exhiber ses attributs et qualités. Très rares sont les hommes à ce stade qui se préoccupent de savoir si leur voisine mène une vie en dehors de la table. Au moment du dessert, la conversation est souvent devenue générale : toute la table participe – enfin, surtout le contingent masculin, car on n'entend pas beaucoup les femmes, tant les hommes occupent le terrain et se mesurent les uns aux autres par le biais de sujets très divers. Ils évoquent tour à tour leur situation professionnelle, leur handicap au golf, leur nombre de voitures de collection au garage, leurs prouesses de séducteur, leurs talents culinaires, leur savoir technologique, leurs connaissances parmi les politiques ou les *people*, le nombre de voyages qu'ils ont faits cette année... Etc., etc. J'ai même entendu un jour deux hommes se battre sur le nombre de morts qui pouvaient être accueillis dans les places qu'ils avaient, chacun, réservées au cimetière. « Jusqu'à cinquante, *sans réduction de corps* ! » disait l'un d'eux. Sans rire ! De leur côté, les femmes se montrent souvent discrètes, mais elles n'ont aucun mérite particulier à l'être si on considère que ce sont elles que vise l'exposé de ces exploits destinés, d'une part, à attirer leur attention et d'autre part, à faire le tri entre les hommes présents pour déterminer celui qui méritera le respect et l'effacement de la part de tous les autres.

La vantardise masculine se révèle également dans l'examen d'un sens très particulier : l'humour. Si on interroge des hommes et des femmes sur les qualités désirables qu'ils espèrent trouver chez leur futur partenaire, tous placent très haut cette caractéristique. Pourtant, quand on examine un peu plus ce que cette qualité implique pour chacun des deux sexes, on se rend compte que, pour une femme, avoir le sens de l'humour, c'est la faire rire, alors que pour un homme, faire preuve d'humour, c'est être capable de rire aux plaisanteries qu'il décroche à la chaîne. Voilà pourquoi une femme qui se mettrait à frimer comme les hommes semblerait vite grotesque : non parce qu'elle agirait contre les convenances, mais parce qu'elle se tromperait de rôle. Là encore, et une fois de plus, les femmes se retrouvent donc exclues de la compétition...

LE SYNDROME DE LA VICTIME

Ce catalogue des facteurs de réussite qui comptent pour la vie professionnelle semble faire des femmes de tristes victimes, mais ce n'est qu'un artefact dû aux circonstances. En effet, le problème n'est pas un problème de dominant/dominé, comme on aime souvent le dire. Rien dans la biologie de la femme ne la prédispose à la soumission. Si, dans d'autres espèces, la soumission de la femelle fait partie des mécanismes qui permettent la copulation (le comportement de lordose, chez la rate, par exemple) et si la dysmorphie sexuelle sert surtout le mâle qui s'impose à une femelle plus ou moins consentante (c'est le cas du serpent garter, par exemple), en revanche, dans l'espèce humaine, les comportements typiques de chaque sexe font plutôt penser que la spécialisation masculine dans l'usage de la force, la compétition hiérarchique ou la vantardise est principalement un moyen utilisé contre les autres hommes pour pouvoir espérer séduire une femme : les démonstrations de puissance ont lieu entre mâles pour avoir accès aux femelles,

elles ne servent pas à s'imposer aux femelles. Bien sûr, on observe aussi des comportements de violence dans le couple et le harcèlement sexuel est un fait incontesté sur les lieux de travail. En réalité, il ne s'agit que de phénomènes parasites autorisés par la dysmorphie sexuelle présente dans l'espèce humaine. En effet, si la domination physique de l'homme sur la femme était un moteur de la relation entre les sexes, l'amour n'existerait pas et les femmes n'auraient pas leur mot à dire sur l'homme qui risque de partager leur vie. Pour le dire autrement, ces « accidents » du système sont indéniables et gravissimes, mais rien ne permet pour autant de croire que la soumission fait partie du répertoire comportemental systématique de la femme.

Le problème entre les hommes et les femmes au travail est donc plus subtil qu'un problème de domination. Les femmes, en gagnant les bureaux, les usines ou les grandes écoles, veulent s'intégrer dans un monde réglé par des codes masculins. Or ces codes de conduite ont une connotation sexuelle très forte, car ils sont fondés sur la compétition ancestrale qui régit l'accès aux femmes. Prises dans un tel système, les femmes souffrent donc d'un triple désavantage : d'une part, leur corps ne présente pas les signes qui leur permettraient d'être reconnues comme des concurrents ; d'autre part, leur cerveau ne comprend pas les signes d'avertissement, de complicité ou d'agressivité que s'envoient les hommes ; enfin, cerise sur le gâteau, loin de pouvoir bénéficier d'une tranquille neutralité, elles sont la cible de toutes les preuves de supériorité que les hommes s'échangent, non pour les dominer, mais pour les éblouir.

Est-ce alors une surprise si, en ce début de XXIe siècle, la situation des femmes sur le marché du travail reste très difficile ? Selon un récent rapport du Conseil économique et social, elles constitueraient 46 % de la population active, mais ne représenteraient que 17 % des chefs d'entreprises et 7 % des dirigeants des grandes sociétés cotées en Bourse ; elles n'occuperaient que 12,3 % des sièges à l'Assemblée nationale et toutes les commissions permanentes et tous les groupes politiques seraient présidés par des hommes. Rappelons encore que, depuis dix ans, le nombre de femmes ministres en exercice n'a jamais excédé 4 ; que, dans les cabinets ministériels, la fonction de directeur reste un privilège masculin et que, à l'échelle de notre pays, on compte seulement 6 préfètes (sur 109), 7 rectrices (sur 31) et 21 ambassadrices (sur 179). Au vu de ces chiffres, est-il possible de faire la distinction entre ce qui se passe dans le monde du travail et ce qui se produit à la maison ? Je ne le crois pas : ces deux univers, en effet, impliquent un règlement fondé sur les bases de la sélection des partenaires, c'est-à-dire sur la biologie. Le problème qui se pose vient de ce que notre mode de vie n'est plus en accord avec cette biologie, puisque les femmes, au lieu de faire les enfants non-stop, veulent désormais profiter des mêmes occupations que les hommes. Notre biologie et nos conditions de vie sont désormais en conflit, situation qui entraîne incompréhension et ressentiment : d'un côté, les hommes ne comprennent pas que les femmes leur fassent des remontrances et critiquent un système qui fonctionne à leur avantage depuis toujours ; de l'autre, les femmes jugent que les hommes ne sont décidément pas prêts à leur laisser trouver la place qui leur revient compte tenu de leurs seuls mérites.

Face à cette situation, certains prônent l'imposition, par décret, d'un nouveau règlement, comme si ce n'étaient pas toujours l'ensemble des conditions de vie qui décident, dans les faits, de l'obtention de tel ou tel résultat. Je m'explique : on peut évidemment décider que la moitié des ministres seront des femmes, mais, tant qu'on ne trouvera pas de solution de garde pour les enfants, tant que les maris n'accepteront pas d'être dépossédés de ce qu'ils jugent être des symboles de masculinité, une ministre ne pourra pas rester en place au-delà de la première maladie infectieuse de son enfant. Il n'y a pas à désespérer pour autant, mais à se battre encore : notre capacité de changer est réelle et le nombre de femmes à des postes à responsabilité est loin d'être nul : même s'il n'est pas suffisant et acceptable, il est en progression. En outre, on peut compter, pour amplifier cette tendance, sur deux mécanismes de changement : l'un immédiat et culturel ; l'autre à plus long terme et d'ordre biologique. Les études chez les grands singes témoignent de ce que la hiérarchie sociale dépend d'une série d'interactions entre les membres du groupe. Le statut social s'y joue selon des règles précises et, même chez les singes rhésus, où la naissance est déterminante pour la position des petits [de Waal, 1996], la position de chef (celle des mâles et des femelles alpha) résulte aussi d'une suite de confrontations et peut être contestée ou balayée par une tentative de prise de pouvoir. Le système n'est donc pas figé, il demeure ouvert à toute nouvelle négociation ou manœuvre. De la même manière, dans notre société humaine, on observe une constante remise en cause de la hiérarchie. Le fait que les compétences professionnelles entrent en ligne de compte dans la définition des organigrammes n'est pas non plus négligeable : si les femmes sont compétentes, elles peuvent s'imposer, avec plus de difficulté ou de temps, mais suivant un mouvement ascendant. Enfin, la désignation, plus ou moins imposée, de femmes à des fonctions importantes est un autre atout de taille car, une fois en place, celles-ci peuvent faire passer des mesures facilitant leur vie professionnelle, mais aussi celle de toutes les autres femmes : garde d'enfants, congés masculins pour parer aux besoins familiaux, protection de l'emploi pendant la grossesse, souplesse des horaires, télétravail, etc. Maintenant, passons à l'autre tendance, la tendance biologique qui, elle aussi, œuvre indéniablement vers l'évolution des rôles sexuels. Ce que l'évolution a mis en place, l'évolution peut l'annuler en l'espace de quelques générations. Ce qui plaisait aux femmes du XIXe siècle (en termes de partenariat sexuel, s'entend) ne plaît plus aux femmes qui font carrière. Il est possible que la situation actuelle sur le marché du travail repose encore sur des critères de combat archaïques, mais rien ne permet d'affirmer que cette situation va durer. La pilule contraceptive, en libérant les femmes de leur destin reproducteur, a ouvert la voie à une nouvelle société, jusque dans les rapports entre les hommes et les femmes, par la modification d'exécution du programme génétique de l'espèce humaine ; c'est ce que nous allons voir dans le chapitre suivant.

CHAPITRE 4

Le nouvel homme

Permettez-moi de vous présenter *The New Man*, qui a gagné les pays anglo-saxons depuis quelques années déjà. Ce qui le différencie des autres mâles est sa capacité de compréhension de la femme moderne et sa faculté d'adaptation aux besoins qu'elle manifeste. Le *New Man* n'est ni dominant ni coléreux ; il parle doucement et les tâches ménagères ne lui font pas honte. Sa plus qualité est, sans conteste, son investissement dans la vie de famille. Voilà qui explique qu'il sache changer les couches des enfants, qu'il se lève la nuit pour donner le biberon, qu'il pousse la poussette de son petit pour le déposer à la crèche avant d'aller au travail, qu'il fasse les courses et la cuisine sans créer de dégâts dignes de Tom et Jerry. Pour la même raison, cet homme nouveau surveille les devoirs pour l'école.

Souvent, il sait repasser ses propres chemises. Il ne boude pas le jour où sa femme lui annonce un salaire plus élevé que le sien ; il peut même spontanément lui proposer de rester à la maison pour s'occuper à plein-temps des enfants afin qu'elle puisse poursuivre une carrière qui se révèle, à l'évidence, plus rentable que la sienne. L'homme nouveau n'est pas un homme parfait – tel n'est pas le sens de mon discours. Par exemple, il ne faut pas, par exemple, compter sur lui pour vous acheter le dernier sac à la mode ou le manteau de fourrure de vos rêves, mais, après tout, maintenant, vous pouvez vous les acheter vous-même, non ?

Mais alors, cet homme nouveau arrive-t-il, lui aussi, de la planète Mars comme les autres, ou bien d'ailleurs ? Du même endroit, sans aucun doute, mais il semble qu'il ait connu quelques aléas en chemin, un peu comme Ulysse, et qu'il se soit adapté aux possibilités qui s'ouvraient à lui. Les changements qu'il a expérimentés sont pour certains des réponses à un environnement culturel nouveau et, pour d'autres, des modifications induites par l'évolution. En effet, il faut savoir que l'évolution, qu'on considère habituellement comme un processus très long, est aussi capable de réagir rapidement à une situation de crise. Évidemment, comme il a fallu des millions d'années pour passer de la bactérie à l'homme, on est plutôt porté à ne pas croire que des êtres humains puissent changer en l'espace de deux générations. D'autant que le processus nous paraît bel et bien achevé et ne pas devoir changer, puisque nous sommes là, nous les humains, et que nous constituons, selon nous, le summum de ce que l'évolution pouvait atteindre comme résultat. Néanmoins, le maître de l'évolution en personne, le grand Charles Darwin, a lui-même décrit une variante fulgurante de l'évolution, propre à imposer des changements radicaux dans une grande fraction de la population en l'espace de quelques générations seulement. Ces changements affectent la réussite de la reproduction, en modifiant notamment les facteurs qui agissent sur le choix du partenaire sexuel. Imaginons le scénario.

Dans une population à peu près stable, survient par hasard une mutation qui rend brusquement tel homme irrésistible. Cet homme a de grandes facilités pour trouver des partenaires sexuelles et fait beaucoup de cocus si bien que, à la génération suivante, de nombreux exemplaires du trait irrésistible se trouvent reproduits. Une fois que tous les mâles, ou presque, de la population en question sont dotés de cette nouvelle arme de séduction, la compétition en cours est achevée, et il n'y a plus qu'à attendre l'émergence d'une nouvelle qualité aussi rare, du moins au début, qu'attirante. Et la vie continue ainsi, de génération en génération, et de siècle en siècle.

Le choix du partenaire chez l'être humain est une affaire compliquée et les calculs de chacun entre besoins, contrainte et détente, occasion et piège, plaisir et rejet, risque et séduction sont toujours très serrés. Chaque individu se trouve dans un cas particulier selon son environnement, son éducation et ses gènes, et son inconscient lui demande de trouver le meilleur rapport qualité/prix parmi les cogéniteurs qui l'entourent. Ajoutons à cela que le choix du partenaire n'est pas la fin de l'histoire qui mène à la reproduction et que, même si le couple est la norme sociale aujourd'hui, au moins 10 % des naissances semblent, chez nous, résulter d'une liaison extraconjugale, un peu comme chez les singes qui vivent dans le respect de la hiérarchie de groupe mais qui profitent de toutes les occasions pour la contourner et se reproduire.

La littérature scientifique s'est longtemps intéressée au fonctionnement du « couple standard » (l'homme chasseur + la femme cueilleuse et nourrice) afin de mieux comprendre les « pannes » susceptibles de l'affecter. Aujourd'hui, la tendance scientifique est à plus de neutralité quant à ce qui constitue la situation « normale » ou « idéale » pour un couple. On est prêt à admettre l'existence de toutes les options comportementales possibles si elles permettent la survie de l'espèce dans des conditions environnementales variables. Or cette approche réaliste des réponses comportementales aux changements culturels de l'existence humaine permet de comprendre comment le « nouvel homme » est arrivé : c'est à la suite de la demande de la « nouvelle femme ».

LE NOUVEAU COUPLE

En effet, le changement majeur qui a provoqué les nouvelles exigences des partenaires féminines est sans aucun doute l'arrivée de la pilule contraceptive et des autres moyens de contrôle des naissances. Il ne faut jamais oublier qu'il y a encore trois générations, il n'était pas exceptionnel qu'une femme ait plus de dix enfants au cours de sa vie, ce qui entraînait naturellement, chez elle, une dépendance absolue à l'égard de son partenaire pour tous les aspects matériels de l'existence quotidienne. Piégée dans cette situation, et ne disposant d'aucun levier de négociation, elle n'avait d'autre choix que de supporter les décisions, envies, infidélités, fantaisies ou brutalités de son mari. Face à la perspective d'un tel destin, il faut bien reconnaître que la stratégie la moins pénible et *la plus raisonnable* de toutes consiste à choisir un mâle riche, puissant et généreux, et c'est cet objectif, celui de mener une vie aisée, qui explique les critères qui ont prévalu. Disons-le, le pouvoir et la richesse ont effectivement attiré les femmes jusqu'à une époque très récente et, parce que les hommes qui en étaient dotés étaient choisis préférentiellement par les femmes et qu'ils avaient ainsi de meilleures chances de se reproduire, ce sont donc les moyens de se doter de ces deux qualités qui ont été sélectionnés par l'évolution. Mais là ne s'arrête pas le raisonnement, ou l'enchaînement des causes et des effets : comme il se trouve qu'avoir de l'argent ou du pouvoir passe le plus souvent par des stratégies dont la mise en place exige un fort taux de testostérone, les femmes ont donc, par leur choix de partenaire, fait monter le taux de testostérone en circulation chez l'homme de génération en génération.

Il n'est pas surprenant dans ces conditions que les hommes aient pendant longtemps été programmés pour la réussite dans les luttes de pouvoir au détriment des femmes. Heureusement, depuis les années 1960, la donne a considérablement changé avec la libéralisation des moyens de contraception. Avec la réduction du nombre d'enfants, les femmes ont pu disposer d'une plus grande liberté d'action et envisager une activité en dehors de la maison. Elles ont gagné de l'argent et pu, par conséquent, même se passer d'un mari qui se montrait violent, coléreux, dépensier ou infidèle. Plus encore, elles ont pu faire l'impasse sur tous les critères qui indiquaient un fort potentiel de réussite sur le plan professionnel et ne retenir que les critères de partage des tâches ménagères. Ces transformations sont des transformations colossales, dont on ne surestimera jamais le poids et l'impact, mais le fait qu'elles aient eu bel et bien lieu pose une question majeure : comment la biologie peut-elle suivre d'aussi près les changements culturels ? Comment un cerveau féminin peut-il, de manière inconsciente, changer ses critères de choix sur les hommes tout autour ? Il faut croire que les natures de l'homme et de la femme et leur entente éventuelle sont plus complexes que prévu...

LES MATHÉMATIQUES DE L'AMOUR

Soyons clairs : les mathématiques ne collent pas avec le modèle du couple fidèle, puisque l'inégalité de nombre entre gamètes mâles et gamètes femelles dans notre espèce (un ovule par mois contre des millions de spermatozoïdes par jour !) s'accompagne de surcroît d'un comportement compétitif de la part des mâles pour avoir accès aux ovules si peu nombreux. Abondamment attesté par les études scientifiques, ce déséquilibre est peu compatible avec le couple stable vu comme entité de reproduction, qui réduit le rapport mâle/femelle à 1/1... Le couple tel qu'on se le représente, fidèle et monogame, n'est donc pas mathématiquement conforme aux faits biologiques qui, eux, suggèrent une certaine promiscuité. De toute évidence, on observe un excédent d'hommes par rapport aux femmes, ce qui implique que le système tel qu'il existe ne prévoit pas de lien solide et immuable entre l'acte sexuel et la reproduction : on peut avoir plusieurs rapports sexuels avant de faire un enfant, un homme peut faire un enfant à des dizaines de femmes le même jour et rien n'empêche une femme d'avoir un enfant avec un homme et d'en recruter un autre pour assurer leur soutien à tous les deux. Cette ambiguïté, permise par la nature, ouvre une boîte de Pandore emplie de comportements subversifs, de soupçons, de méfiance et de mensonges, parmi lesquels l'amour a émergé comme prix de consolation !

À l'inverse, les mathématiques coïncident parfaitement avec la biologie si on prend en compte les contraintes de l'éducation : un homme près d'une femme pour élever les enfants. Le modèle « couple » vaut donc bien pour le paramètre éducatif et comme il se trouve que l'on n'est amoureux que d'une seule personne à la fois... Il n'empêche, le système qui prévaut dans l'espèce humaine semble favoriser l'opportunisme et la diversité des stratégies, car, même s'il y a en gros un homme pour une femme dans la population, l'excédent de spermatozoïdes du côté des hommes rend l'idée de fidélité bien suspecte ! Un autre élément vient encore compliquer la formule mathématique : les études scientifiques nous apprennent, en effet, que les hommes peuvent être catalogués suivant deux modes d'action distincts : le reproducteur compétitif et l'éducateur. Or ces deux états sont corrélés de façon significative à deux niveaux différents de testostérone à certains moments clefs du développement... Tout porte donc à croire que, si on a ainsi besoin d'allier un homme et une femme pour l'éducation de l'enfant, la pression en faveur d'inséminations opportunistes (et, donc, d'infidélités), indiquée par le déséquilibre entre le nombre de gamètes mâles et le nombre de gamètes femelles, doit être forte.

UNE MONOGAMIE MALLÉABLE

Nous autres les humains faisons partie du club des espèces dont les partenaires sexuels sont monogames. La monogamie absolue n'est pas exigée pour entrer au club et on n'en est pas blackboulé en cas d'infidélité occasionnelle ou de changement de partenaire en cours de vie : le seul critère requis pour l'admission des membres est que les mâles investissent dans l'éducation des petits juste ce qu'il faut pour améliorer leurs chances de survie. Pour le dire autrement, la maman et le papa doivent rester ensemble autour de l'enfant le temps nécessaire pour lui assurer un début de vie protégé. Les fréquentations au club ne sont peut-être pas tout à fait conformes à ce que l'on aurait attendu : on s'y retrouve, en effet, en compagnie de nombre d'oiseaux et de très peu de mammifères ou de primates, mais il faut dire que nous partageons avec l'espèce des volatiles la mise au monde de petits particulièrement vulnérables.

Dans l'espèce humaine, et compte tenu de tout ce que nous avons dit auparavant, la position des pères est pour le moins ambiguë : avant d'être pères, les hommes doivent, en effet, s'affirmer dans le groupe des mâles pour gagner le prix qui leur permet d'attirer l'attention d'une femme et lui vaut de pouvoir prétendre faire la cour à cette dame ; une fois cette étape franchie, on leur demande en revanche, de tout oublier de la compétition, de ne plus faire aucun cas des femmes et de s'occuper de sa petite famille. Cette double exigence a de quoi embrouiller l'esprit et, de fait, on constate parfois chez les mâles de notre espèce une grande confusion quant à ce qu'ils veulent, doivent ou peuvent faire... Maintenant, si on revient du côté des oiseaux, on constate que la monogamie est, chez les mâles, associée à une réactivité moindre aux agressions et à un taux de testostérone plus bas ; même quand ils sont défiés et se retrouvent en situation de combat, leur taux de testostérone ne monte pas comme celui des polygames. D'où l'idée qu'une faible « réactivité testostéronique » pourrait être liée au mode de vie monogame, conclusion qui semble confirmée par le fait qu'après injection de testostérone, les oiseaux monogames deviennent polygames [Archer, 2006]. Les études menées sur les hommes permettent-elles d'avancer des résultats similaires ? Il le semble bien. Par exemple, on a constaté que le fait de s'intéresser aux enfants était également lié chez eux à un taux de testostérone plus faible : la baisse est ainsi d'environ 33 % chez les nouveaux pères en période *post-partum* par rapport à celui relevé en fin de grossesse. De la même manière, s'il est avéré que les hommes ne réagissent pas tous de la même façon aux doux gargouillis des bébés et qu'il existe des différences de « fibre paternelle », il est clairement établi que les plus sensibles aux signaux sensoriels émis par les petits – que ce soit par l'ouïe, la vue ou l'odorat – sont aussi ceux présentant le taux de testostérone le plus bas. Allant toujours dans le même sens, une autre corrélation a pu être établie entre la faiblesse du niveau de testostérone chez certains hommes et l'habitude de manipuler et changer des enfants, le besoin de réagir aux pleurs ou la capacité à comprendre des cris signalant la faim [Archer, 2006].

Dans toutes les espèces d'oiseaux monogames, il semble bien que le taux de testostérone soit élevé pendant la période de compétition pour l'obtention d'une partenaire sexuelle, puis qu'il baisse pendant la période de soins prodigués aux petits. Chez les oiseaux, au moins, rien ne semble gravé dans le marbre, et le degré de monogamie ou de polygamie se révèle assez plastique, se modulant au gré des circonstances. Le canard domestique, par exemple, étudié par une équipe de chercheurs parisiens, change ainsi de comportement selon son environnement : chez un couple isolé, le taux de testostérone du mâle aura tendance à baisser comme il se doit après la fécondation et monsieur canard s'occupera de nourrir la femelle et les petits ; en revanche, si on loge plusieurs couples de canards ensemble, un certain nombre de mâles, bien qu'ils soient devenus parents, maintiendront un taux élevé de testostérone et se montreront polygames [Parisot, 2005]. La grande question qui se pose est alors : les hommes sont-ils comme les canards ? Disons pour commencer que le taux de testostérone du mâle dans l'espèce humaine, s'il baisse à la naissance d'un enfant, ne baisse pas autant chez tous les hommes. Par ailleurs, la population masculine paraît pouvoir être divisée, et ce dès l'enfance, suivant la réactivité de son taux de testostérone. Plusieurs expériences ont, en effet, montré que les garçons prépubères qui montraient un comportement agressif, disruptif ou antisocial, avaient un taux de testostérone plus élevé que ceux qui n'avaient pas l'habitude de se comporter ainsi. Dans une autre étude, il a été établi que les garçons présentant un taux plus élevé de testostérone se montraient plus indépendants, moins attachés psychologiquement à leur entourage que les autres et qu'ils étaient aussi plus renfermés, plus « boudeurs » et moins sociables [Zitzmann, 2001].

Sans aller jusqu'à dire que nous sommes des canards, ce qui ne serait pas vrai, il semble donc tout de même qu'il existe deux populations masculines dans l'espèce humaine, l'une à testostérone élevée, l'autre à testostérone basse, et que cette différence apparaisse très tôt dans la vie des garçons. Il se peut que les hommes de notre espèce adaptent, comme les canards, leur comportement en fonction des circonstances, mais, quoi qu'il en soit, le « modèle homme » comporte apparemment bel et bien deux versions : d'une part, la version « reproducteur », qui est parfaite pour le combat avec les autres mâles et la mise en valeur de soi dans le groupe, lesquels permettent, et c'est le but, la conquête d'une flopée de femmes admiratives et la multiplication incessante des rencontres ; d'autre part, et c'est la seconde option en termes de stratégie de vie masculine, la version « parent », laquelle est dotée d'un taux de testostérone plus faible, ce qui ne l'avantage pas pour capter l'attention des femmes, mais qui, une fois la candidate trouvée, est une valeur sûre en termes de présence, de fidélité et d'investissement, en même temps qu'elle offre une garantie certaine pour l'établissement et la protection du groupe familial essentiel à la survie de notre espèce.

Il n'est pas exclu que cette dualité masculine permette de conserver dans notre population un mélange de qualités utiles pour le groupe, avec, d'un côté, la force physique et l'esprit belliqueux du fanfaron au cas où il faudrait attaquer ou se défendre, et, de l'autre côté, le soutien, les soins et l'empathie autour de ce bien précieux que représente un enfant. En revanche, et c'est l'élément clef pour comprendre nombre de phénomènes de couple ou de société, les deux versions ne peuvent jamais être fournies ensemble. Un taux de testostérone élevé va avec une forte combativité, un physique vigoureux, une grosse voix et un appétit sexuel prononcé [Archer, 2006]. Un taux de testostérone plus faible donne ce Nouvel Homme dont je parlais en début de chapitre, ce petit bijou dans la vie de la femme active, qui ne se met pas en avant auprès des autres mâles, qui ne cherche pas de conquêtes en série, mais qui mène une vie de monogame bien rangé et s'occupe des enfants...

Poursuivons notre revue des éléments disponibles pour chacune de ces deux stratégies de vie masculines [Archer, 2006]. L'homme à fort taux de testostérone montre un comportement généralement plus antisocial, il prend plus de risques et a une vie sexuelle plus instable. Reste à savoir si ce taux est déterminé génétiquement ou alors s'il est induit pendant le développement par les conditions environnementales, *in utero* ou après la naissance. Ce qu'on sait pour le moment, c'est qu'il y a des mutations dans les gènes codant pour certaines enzymes importantes pour la production d'hormones mâles (androgènes) et que ces mutations se traduisent souvent par une baisse sensible du taux de testostérone chez leur porteur [Ellis, 2005]. Il arrive même que les mâles de certaines populations se distinguent par leur taux de testostérone moyen, ce qui se manifeste, notamment, par l'incidence différente des maladies liées aux hormones mâles, comme le cancer de la prostate. Par exemple, on a soupçonné une différence de ce genre entre les Suédois et les Coréens, ce que des analyses approfondies ont confirmé en démontrant la mutation d'un gène codant pour une enzyme essentielle dans le contrôle de la production des hormones mâles. Cette mutation, présente chez 66 % des Coréens, mais seulement chez 9 % des Suédois, correspond aussi à un taux d'androgènes plus fort chez les Suédois que chez les Coréens [Jakobsson, 2006]. L'expérience ne dit pas s'il y a davantage de femmes PDG et d'hommes nourrices en Corée qu'en Suède, mais les différences culturelles importantes entre ces deux pays rendraient difficile la lecture des résultats.

Quoi qu'il en soit, c'est un fait : les hommes ne naissent pas avec le même potentiel en testostérone. Conformément à la théorie de Darwin, si ce trait du taux de testostérone, fortement lié au sexe et aux capacités reproductives, rendait les hommes plus attirants aux yeux des femmes, il n'y aurait aucun frein à sa dispersion rapide au sein de la population. Or, pour parler en termes concrets, il semble aujourd'hui que les femmes recherchent des hommes qui s'impliquent davantage dans la vie au foyer afin de leur permettre de s'en échapper. *A priori*, les hommes sélectionnés pour leurs « compétences domestiques » et, donc, leur faible taux de testostérone, ont donc plus de chances de se reproduire que les hommes à fort taux en testostérone : la population masculine devrait donc s'en trouver modifiée en conséquence. Il est même possible que ce changement aille relativement vite puisque ces hommes, ceux qui s'occupent davantage des enfants, s'investissent logiquement plus dans la décision de procréer conformément à leur « profil parental », ce qui devrait leur permettre de se reproduire encore plus...

Ainsi, par les seuls moyens génétiques de l'évolution, il est possible d'envisager la pénétration plus forte des hommes à faible taux de testostérone au sein d'une population humaine où les femmes travaillent hors de la maison. Or il se trouve que, en plus de ce taux héréditaire de testostérone, certains facteurs environnementaux actuels exercent une influence qui va dans le même sens. Ainsi le « régime occidental », longtemps riche en viande rouge et en graisses saturées, qui entraînent l'augmentation du taux d'androgènes [Zitzmann, 2001], s'est-il considérablement allégé ces dernières années, ce qui pourrait entraîner une baisse du taux d'hormones mâles, phénomène qui a déjà été amplement démontré en cas de diète – pendant le ramadan, par exemple [Mesbahzadeh, 2005] – ou lors de régimes amaigrissants [Degoutte, 2006]. C'est d'ailleurs pour cette même raison aussi qu'après la ménopause, on joue sur le taux d'hormones mâles par un régime enrichi en gras afin de faire monter le taux de DHEA des femmes concernées [Nagata, 2005]. L'éducation est sans doute un autre facteur majeur capable d'agir sur le niveau de testostérone. Prenons par exemple l'une des caractéristiques du comportement masculin, étroitement associée à la combativité et, donc, à la testostérone, je veux parler de l'orgueil. Différentes communautés très attachées aux notions de statut et de réputation ont été étudiées et on a pu constater à cette occasion que la population masculine de ces communautés montrait une plus forte réactivité à la provocation. Ainsi, les hommes du sud des États-Unis estiment appartenir à une culture de l'honneur et considèrent, parce qu'ils ont été élevés suivant ce code, qu'une insulte est une tache sur la réputation d'un homme. Soumis, dans une expérience, à des insultes verbales ou des bousculades associées au doux nom d'*asshole**, ils ont réagi de façon plus agressive et dominante que des hommes du Nord soumis au même protocole et, de façon significative, leur taux de testostérone

* En anglais dans le texte, ce qui donne en français « trou du cul ».

est également monté plus haut [Cohen, 1996]... Parmi les autres éléments environnementaux qu'on peut également mentionner, citons enfin l'exercice physique, la présence d'autres hommes ou la présence de femmes qui, tous, influent sur le taux de testostérone : leur action est bien la preuve que le comportement masculin est, au moins en partie, modifiable. Sans entrer dans le détail, donnons juste la conclusion essentielle : dans une population importante, et dans des conditions d'abondance, on observe que la polygynie est de mise – le taux de testostérone est élevé, ce qui entraîne une activité sexuelle importante et une combativité en hausse ; en revanche, dans des conditions d'isolement et de ressources limitées, un homme a plutôt tendance à rester auprès d'une seule femme et à s'impliquer dans sa famille.

Concernant l'espèce humaine, qui est loin d'être homogène, mais où l'existence d'un certain nombre de stéréotypes est certifiée, on dépeint volontiers l'homme de pouvoir comme étant au faîte de la concurrence masculine : forcément animé par un taux de testostérone supérieur à la moyenne, il est souvent caractérisé par une motivation sexuelle qui dépasse les normes socialement admises. C'est donc un être très différent du mâle à faible taux de testostérone, puisque ce dernier s'intéresse à sa vie de famille et ne gravit pas, à la vitesse de l'éclair, les échelons professionnels. Pourtant, il serait intéressant de savoir si notre « alpha-male* » peut, au fil des saisons

---

* On qualifie ainsi le chef dans les groupes sociaux de grands primates avec une hiérarchie bien définie.

Mœurs d'oiseaux

Nous avons la particularité de produire des enfants très vulnérables, particulièrement sensibles à la malnutrition, aux accidents ou à la malfaisance de voisins... Sur le plan comportemental, un tel fait nous rapproche de nos amis les oiseaux : les papas oiseaux, comme les papas humains, doivent contribuer aux soins après la naissance. Chez les oiseaux, il existe un lien clair et bien démontré entre le taux de testostérone et le comportement : les deux varient au gré des saisons pour permettre d'abord au mâle de s'imposer par son comportement agressif et polygame, puis de s'installer dans une vie casanière et monogame. En laboratoire, on peut transformer un oiseau pépère en un oiseau coureur et, donc, modifier fondamentalement le destin d'un individu par un simple implant de testostérone [Wingfield, 1990] ; avec des êtres humains, rien de tel n'est évidemment possible...

et des amours, passer de l'état coureur à l'état paternel, peut-être pas sous l'effet de sa volonté propre, mais parce que les conditions extérieures le lui imposent. Il semble probable, en tout cas, qu'au cours d'une vie, les priorités se modifient, vu que, dans l'ensemble, le taux d'hormones mâles baisse avec l'âge. En dehors de cette tendance générale, pour être politiquement correct, on peut dire que tous les hommes se trouvent dans la nature et que leur tempérament est plus ou moins constant. Il n'empêche qu'il existe des grands « types » et qu'on rencontre des hommes qui sont clairement d'un bord ou de l'autre. Globalement, le pourcentage d'hommes parentaux semble en nette augmentation. J'ai vu, pour la première fois, un grand-père seul avec une poussette il n'y a pas longtemps et je vois aussi des hommes sur le chemin du bureau seuls avec des poussettes. Pourtant, il y a dix ans, quand mon mari est sorti avec une poussette dans un village du Pays basque, on l'a arrêté dans la rue pour voir s'il était tout à fait en possession de ses moyens. Reste à savoir si l'apparition de ces nouveaux hommes est due à une conversion intéressée ou à une réelle évolution de l'espèce humaine.

Ces considérations sur les variations de l'homme nous ramènent maintenant au calcul du ratio des sexes, qui veut qu'il y ait un homme près d'une femme pour élever un ou plusieurs enfants. Si la population masculine doit être divisée en deux types, conformément à ce que nous avons dit, et s'il existe dans la société environ autant d'hommes que de femmes, il va de soi que certaines femmes vont se retrouver avec des reproducteurs et d'autres avec des parentaux. Avant de faire la moindre étude de compatibilité d'humeur, de personnalité, de croyances ou de tout ce qui paraît important pour fonder un couple, mieux vaut donc accepter que, pour certains, il y ait, dès le départ, un antagonisme sous-jacent dans l'appréciation des projets futurs que chacun des partenaires nourrit. Ce constat vient renforcer les témoignages que nous avons exposés au chapitre précédent concernant l'étrangeté de l'autre sexe. On ne peut nier, en effet, le désaccord flagrant entre l'objectif d'un certain nombre d'hommes et le but visé par la très grande majorité des femmes. Les hommes « reproducteurs » voient comme un « piège » l'investissement qu'on leur impose en contrepartie de leur tentative de reproduction : les femmes, qui sont, du coup, obligées d'« embaucher » de l'aide, ne comprennent pas que l'homme si prompt à leur faire l'amour ne désire pas rester auprès d'elles pour s'occuper du petit. Dans ces conditions, il n'est donc pas surprenant que la biologie de l'attachement se soit à ce point développée chez l'être humain : sans amour, il serait, en effet, impossible de réunir l'ensemble des conditions de compatibilité nécessaires pour la vie de couple ou de famille. Il n'est pas non plus surprenant, sachant que l'amour est un cache-misère, qu'il perdure de la méfiance et un antagonisme de fond entre les sexes. On peut même considérer que ces deux aspects sont étroitement liés : tant que les motivations des hommes et des femmes resteront opposées, l'amour demeurera en tant que nécessité à forte charge émotionnelle ; le jour où les hommes et les femmes s'entendront à merveille, en revanche, alors on n'aura plus besoin d'amour.

Or nous voici, justement, face à une tentative d'entente. L'implication masculine dans le couple et la famille semble une qualité plastique dans la vie d'un individu. La proportion des deux populations masculines que nous avons distinguées plus haut va, de fait, s'effectuer selon le choix des femmes, et on peut donc s'attendre à une multiplication rapide de la part des hommes « parents » au détriment des hommes « reproducteurs », puisque le nombre de femmes qui travaillent ne cesse d'augmenter. Or si les intérêts des deux sexes tendent vers un tel consensus, l'avenir se présente donc, *a priori*, sous un jour plutôt positif avec, d'un côté, des femmes qui ont envie de gagner leur vie, ce qui annule leur besoin d'exploiter les ressources masculines (« Non, elle ne m'aime pas que pour mon argent ! ») et, de l'autre, des hommes quasi programmés pour participer, plus ou moins activement, à la vie familiale.

Or l'art de faire coller la réalité au rêve réside dans l'art de demander. Si le choix du partenaire était un processus conscient et réfléchi, on pourrait charger un comité de personnalités compétentes de déterminer les paramètres les plus pertinents pour élaborer un plan d'entente entre le masculin et le féminin, mais ce n'est pas la partie « raisonnable » du cerveau qui dicte le choix du partenaire : si justifié qu'il soit eu égard aux considérations d'égalité et de démocratie, on ne peut donc pas mettre un tel plan en place par décret. Le choix du partenaire reste motivé par des besoins élémentaires de survie, et plus un comportement est essentiel pour la survie, plus sa programmation mobilise des parties inconscientes et strictement programmées afin d'éviter les « erreurs » rédhibitoires ou fatales. Maintenant, sommes-nous assez éloignés des menaces primitives que sont la faim, la soif ou les prédateurs pour que notre cerveau inconscient prenne en compte, dans son calcul, les signes de vie harmonieuse à long terme ? Voyons ce qu'en dit le cerveau féminin sur ce point avant de répondre...

CHAPITRE 5

Ce que femme veut...

Oublions les discours romantiques et focalisons-nous sur la leçon de cynisme qui semble se dégager des études scientifiques sur les critères qui guident les femmes dans leur choix. À la décharge de ces dernières, précisons d'emblée qu'elles sont confrontées à un nombre important d'exigences, parfois contradictoires, qu'il leur faut concilier au mieux, toujours pour assurer la survie de leurs enfants. Un enfant à naître doit être en bonne santé et se développer normalement grâce à une alimentation adéquate, un système immunitaire performant et la protection de ses parents. Or si le spermatozoïde qui fera l'enfant est une denrée facile à obtenir et qu'il n'y a pas besoin de ruser beaucoup pour y avoir accès – cela ne coûte rien, même à un donneur de très bonne qualité, d'être généreux de sa semence, il a même intérêt à féconder autant de femmes que possible, car non seulement il en sera récompensé par le plaisir qu'il éprouve, mais il améliorera, en augmentant le nombre de ses conquêtes, sa notoriété et sa place dans la hiérarchie masculine – bref, si le sperme est une denrée abondante, en revanche, obtenir du donneur qu'il s'investisse à long terme est beaucoup plus rare : en effet, cette implication ne colle pas avec sa recherche permanente de nouvelles conquêtes ou avec ses stratégies de positionnement au sein du groupe. Une femme doit toujours déployer tous ses charmes – et le mot est à prendre au sens fort de « mise sous influence » – pour enrôler un partenaire dans un engagement long et obtenir son investissement *à l'insu de son plein gré...*

LA FEMME TENTATRICE

La recette utilise un fond de sauce universellement apprécié et qui sert de liant dans nombre de plats relationnels : le sexe. Quand on examine la sexualité humaine et qu'on la compare à celle d'autres espèces proches, on se rend compte que la femme a réussi un magnifique tour de passe-passe avec son corps pour fidéliser son homme. Chez beaucoup d'espèces, les femelles signalent aux mâles la période où leur fécondité est maximale : les signaux, qui induisent les rapports sexuels – par exemple, les fesses rouges et glabres ou les phéromones et les odeurs libérées dans les sécrétions sexuelles –, en provoquant le désir du mâle, optimalisent leurs chances de fécondation au moment le plus propice de leur cycle. Chez l'être humain, en revanche, la femelle ne présente pas de signes extérieurs de fécondité à tel ou tel moment ; elle les présente en permanence et se montre toujours disponible pour un rapport sexuel quel que soit le moment de son cycle.

Cela ne veut pas dire qu'il n'existe pas, chez elle, de période de fécondité : on sait bien qu'un rapport sexuel produira un enfant au moment de l'ovulation, mais qu'un rapport en dehors des quelques jours entourant cette date restera stérile. Cela étant, dans l'espèce humaine, la réceptivité sexuelle est quasi constante, et rien dans la littérature scientifique ne permet de penser que les hommes ne sont pas intéressés par les femmes, passé la période de l'ovulation. Le corps féminin est ainsi une sorte de publicité permanente et flagrante pour le sexe. Partant du principe que dans la nature rien n'est gratuit, il nous faut donc chercher la raison pour laquelle une femme met son corps à disposition pour des rapports sexuels qui n'entraînent pas la reproduction. Clairement, l'objet immédiat est le partage de plaisir, paramètre qui peut sembler frivole, alors qu'il est pourtant à la base de notre structure sociale. Si les rapports sexuels se limitaient à la période de quelques jours qui entoure l'ovulation et que, en dehors de cette période mensuelle, les femmes n'étaient pas réceptives aux avances sexuelles, alors les hommes n'auraient aucune raison de rester longtemps près d'une partenaire unique ; ils auraient plutôt intérêt à rôder autour de toutes les femmes des environs afin de tenter leurs chances à chaque ovulation. En cachant la période de l'ovulation et en étant disponible pendant tout le cycle, une femme s'assure donc de rapports sexuels plus fréquents avec un même partenaire. Le recrutement d'un homme par une femme pour former un couple est donc en partie assuré par la disponibilité sexuelle de la femme, assortie d'un certain nombre d'astuces qui en renforcent la réussite.

Le plaisir est un outil très puissant et très utilisé par la nature pour produire et maintenir des comportements utiles ou essentiels. On a ainsi beaucoup écrit sur le pourquoi du clitoris chez la femme. Cet appendice anatomique, qui ne joue aucun rôle dans l'expulsion de spermatozoïdes, puisque ceux-ci n'existent pas chez la femme, a même paru superflu aux yeux de certains. Posséder un corps qui fait rêver les hommes et qui est disponible pour des rapports sexuels à longueur de mois ne servirait à rien si la femme qui en est la maîtresse n'avait aucune envie de s'engager dans lesdits rapports : la présence du clitoris, organe important du plaisir féminin, permet de passer la première étape dans le recrutement du partenaire en rendant possible le partage du plaisir : qui voudrait, en effet, se priver de toutes ces sensations merveilleuses ? On comprend difficilement, dans de telles circonstances, pourquoi un homme déciderait d'affronter l'inconnu quand le connu est si confortable.

Néanmoins, le plaisir, même s'il est répété, reste fugace, et le plaisir partagé avec une femme ne vaut pas plus cher que le plaisir partagé avec une autre ; l'effet de la nouveauté est même plutôt un facteur de stimulation supplémentaire. Par conséquent, le partage répété du plaisir avec une seule et même femme ne suffirait pas s'il n'entraînait la formation de liens puissants pour entraîner l'homme vers la vie familiale. Entre en jeu, à cette fin, l'ocytocine, hormone qui est libérée en quantité importante pendant les rapports sexuels mais aussi lors des contacts avec l'autre et qui agit sur les récepteurs du cerveau pour installer un autre type de plaisir lié au partenaire : celui qui est pris à être ensemble tout simplement [Vincent, 2004]. Le corps de la femme est donc disponible dans un but sensoriel, en dehors des objectifs de reproduction. Il sert, en effet, à initier une relation longue entre deux partenaires, grâce à l'aide d'un phénomène, une autre astuce de la nature, contribuant à la formation des couples ; je veux parler du phénomène connu depuis longtemps et pour lequel jusqu'alors on n'avait pas trouvé d'explication : la synchronisation spontanée des cycles menstruels.

LES FEMMES SOLIDAIRES

Quand des femmes vivent en communauté, que ce soit au bureau parce qu'elles sont collègues, à l'hôpital parce qu'elles sont malades, en prison parce qu'elles ont été condamnées ou en colonie de vacances parce qu'elles sont adolescentes, il se trouve que, très vite, elles ont leurs règles en même temps. Ce phénomène a été largement étudié par une équipe de chercheurs américains qui ont permis de comprendre comment il se mettait en place : grâce aux phéromones. Ces molécules, quand elles sont produites et émises par tel membre d'une espèce, agissent sur tel autre membre de la même espèce pour, par exemple, imposer la hiérarchie de groupe et assurer le bon déroulement de la vie reproductive : c'est ainsi par l'émission d'une phéromone que le mâle localise la femelle dans la nature chez la plupart des papillons au moment le plus propice pour la reproduction. Dans l'espèce humaine, les phéromones ont également un impact sur la vie reproductive. Contenues dans les sécrétions axillaires (sous les bras !), elles signalent, par leur émission, le stade du cycle menstruel où en sont les femmes. Une expérience a ainsi montré que des extraits axillaires provenant de femmes en fin de première phase de cycle (la phase folliculaire) pouvaient provoquer un pic de LH (Luteinising Hormone), hormone gonadotrope femelle hypophysaire responsable de la libération de l'ovocyte par l'ovaire en milieu du cycle, et raccourcir, de ce fait, les cycles d'autres femmes ; à l'inverse, des extraits au moment de l'ovulation prolongeaient la durée du cycle de ces autres femmes en retardant le pic de LH [Stern, 1998]. Dans les deux cas, on essuie les aisselles avec un coton que l'on fait ensuite sentir aux autres femmes participant à l'expérience. Et c'est ainsi que le cumul du décalage entre les cycles des femmes du groupe, toutes influencées et toutes influentes, aboutit très rapidement à la synchronisation parfaite de l'ensemble.

Pour chaque femme, prise individuellement, le décalage de son cycle n'a pas d'importance particulière. Cependant, si on tient compte de la vie de groupe, cet effet a une conséquence importante sur le comportement masculin. Si, en effet, la disponibilité des femmes tout au long de leur cycle a pour but de permettre l'installation du couple dans la durée en vue de la naissance d'un enfant, il va de soi que ce processus s'effectuera plus facilement si tout le monde suit le même rythme. Car, même si une femme est disponible en permanence, il existe tout de même des différences – par exemple, des périodes de plus forte libido ou la période des règles. Pour mieux fidéliser un homme il est donc préférable que ces périodes soient les mêmes pour toutes. Il est toujours plus facile de garder son partenaire s'il n'y a pas de tentation extérieure et les chances de chacune sont bien meilleures si tout le monde est synchro ! Cette synchronisation fait partie sans doute des conditions environnementales capables d'agir sur la proportion d'hommes qui se stabilisent et adoptent un comportement familial : le pouvoir d'attraction exercé par des femmes libres aux alentours maintiendrait sans aucun doute un taux de testostérone élevé parmi les hommes du groupe et encouragerait le « comportement reproducteur » au détriment du « comportement parental »...

LA FEMME DÉTENTRICE DU SAVOIR PRIMORDIAL

Ève est une tentatrice, mais c'est aussi celle qui propose la connaissance à son compagnon innocent, et c'est un autre facteur important dans la fidélisation de l'homme. La femme est toujours effectivement celle qui choisit et celle qui sait. Je précise tout de suite que ce savoir est en grande partie inconscient dans l'affaire qui nous concerne et parfaitement compréhensible d'un certain point de vue. Un cerveau féminin doit, en effet, choisir entre les gènes de partenaires potentiels pour s'assurer de deux objectifs : la naissance d'un enfant viable avec un potentiel de développement maximal, et la fidélité de ce partenaire pour qu'il l'aide pendant la période de développement à plus grand risque, à savoir les premières années du petit. Or nous avons vu au chapitre 4 que les hommes qui s'investissent le plus facilement dans la vie de famille sont ceux qui ont un taux de testostérone relativement faible. Or, d'après les dernières études effectuées sur le sujet, un taux faible de testostérone ne serait pas associé au meilleur patrimoine génétique en termes de potentiel de développement, alors qu'un taux élevé serait corrélé à une certaine réussite dans le groupe, une position très haute dans la hiérarchie et, aussi, à un meilleur fonctionnement du système immunitaire... Un tel résultat semble suggérer qu'il existe, pour la mère, deux facteurs de survie importants, mais à accès séparés :

d'un côté, de bons gènes pour la réussite de l'enfant et, de l'autre, des ressources importantes pour l'enfant et elle le temps qu'ils sont sous la protection du partenaire. Logiquement, les futures mères seraient donc tentées de choisir, pour faire un enfant, un homme qui montre des signes de fort taux de testostérone [Penton-Voak, 1999] et, pour élever son petit, un homme à faible taux de testostérone qui restera plus volontiers auprès d'elle.

Voilà la position ambiguë où se trouve toute femme, et il n'y a pas de solution évidente ou parfaite qui s'impose. Il lui faut choisir entre le confort d'un compagnon complice (le père idéal) et l'excitation d'un extraverti inconstant (le fécondateur idéal). Tout cela, elle ne le sait heureusement pas, car les facteurs qui guident son choix ne sont pas catalogués dans son cerveau conscient. C'est son comportement qui trahit ce raisonnement inconscient : le jour où elle choisit une mâchoire bien carrée, c'est qu'elle est attirée par le mâle dominant qui en est muni ; quand elle trouve que des traits de visage un peu féminins sont seyants chez un homme, c'est qu'elle en est à un stade reproductif où la réussite dépend du soutien qu'elle va recevoir au foyer et que l'aide au foyer est devenue la contribution la plus attirante à ses yeux. On peut même concevoir que ses exigences et ses besoins ne soient pas les mêmes en fonction des conditions ambiantes.

Comme ces deux paramètres, tout aussi importants pour la survie d'un enfant, se trouvent généralement chez des hommes différents, en théorie, rien n'empêche une femme de recruter deux hommes par bébé. Idéalement, il lui faudra un donneur de spermatozoïdes à fort taux de testostérone pour la fabrication d'un système immunitaire performant et un homme à faible taux de testostérone pour les soins, l'alimentation et la protection. C'est cynique, me direz-vous ? Sans doute, mais ce n'est apparemment pas si éloigné de la vérité : certains chercheurs ont même avancé l'hypothèse que les préférences inconscientes des femmes (pour tel ou tel type de visage, pour tel ou tel type d'odeur) pourraient varier au cours de leur cycle menstruel et les pousser à fidéliser un homme à bas taux de testostérone pendant la plus grande partie du mois, pour s'offrir un champion de musculation au moment de l'ovulation [Penton-Voak, 1999 ; Rhodes, 2003]. Les études faites pour étayer cette thèse sont confortées par les témoignages des hommes : ceux qui sont dotés de signes extérieurs de testostérone ont, en effet, davantage de rapports en dehors du couple que les hommes aux traits plus féminins.

Les études qui vont dans ce sens sont assez nombreuses, et elles sont renforcées par plusieurs types de données apparentées, comme le niveau de jalousie manifestée par le partenaire « officiel » au cours du cycle de son épouse [Haselton, 2006], l'implication des femmes dans une relation stable au cours de leur cycle [Jones, 2005] ou le penchant féminin pour d'autres facteurs également liés au taux de testostérone, comme le son de la voix [Feinberg, 2006]. De manière générale, les femmes préfèrent les voix d'hommes par rapport aux voix de femmes, mais cette préférence pour la qualité de la voix masculine est plus ou moins forte au cours du cycle et c'est pendant la période de fécondité que les femmes optent pour les voix les plus graves, c'est-à-dire les taux les plus élevés de testostérone. Autre point significatif : quand on compare les préférences des femmes à fort et à faible taux d'œstrogènes, caractère qui implique un degré de féminité plus ou moins fort, on constate que l'attirance pour les voix très graves est particulièrement nette chez les femmes à faible taux d'œstrogènes, donc chez les « moins féminines », comme si les femmes les « plus féminines », elles, étaient capables de recruter n'importe quel type d'homme et que leur « goût pour le masculin » n'avait pas à se modifier au cours du cycle.

Niveau d'œstrogènes, conditions environnementales, impératifs de survie... : tous ces facteurs, qui permettent d'analyser les préférences féminines, sont importants pour réfléchir à l'avenir et à la conciliation des hommes et des femmes. Néanmoins, en ce domaine, la femme a, de toute évidence, un avantage considérable sur l'homme, car elle seule sait qui elle a choisi. Même l'homme fidèle, qui profite de son amour, n'est pas sûr d'être le père de l'enfant qu'elle porte, compte tenu du fond d'opportunisme qui est intrinsèque à la stratégie féminine générale ainsi qu'à la stratégie masculine. La duplicité est immense, même en cas d'infidélité unique, car un homme peut perdre alors toute possibilité de se reproduire. Certes nombre de femmes ne seront jamais infidèles, mais, entre le masculin et le féminin, la méfiance est et reste constitutive. Non seulement l'infidélité féminine est une option possible, mais c'est parfois aussi une option souhaitable dans l'intérêt de l'enfant, malgré le résultat éventuellement catastrophique pour le cocu. En revanche, l'infidélité d'un homme, pour peu qu'elle reste exceptionnelle, est certes vexante, mais elle n'a pas, elle, d'incidence sur la descendance féminine...

Voilà donc, dans l'absolu, le point le plus important de discorde sérieux et difficile à lever, qui rend la femme étrangère à l'homme et l'homme étranger à la femme. Non seulement l'infidélité féminine est toujours une possibilité, inscrite dans le comportement féminin pour remplir les exigences biologiques, mais cette infidélité qu'on doit considérer comme probable est fatale pour un homme s'il en résulte que la lignée de ses gènes disparaît. Et, pire que tout, dans cette situation funeste dont la faute n'incombe à personne, seule la femme sait si elle a « tué » son homme, alors que lui ne peut pas le savoir. Quand on connaît les enjeux et les marges de manœuvre dont ils disposent, il n'est donc pas étonnant que les deux sexes aient autant de mal à se parler et qu'il faille le miracle de l'amour « fou » pour qu'une entente temporaire soit possible.

TOUTES LES MÊMES ?

De la même façon qu'on peut catégoriser les hommes en « reproducteurs » et « parents » suivant leur taux de testostérone, il semble que les femmes aussi puissent être différenciées par leur niveau de « féminité », caractère qui résulte du taux circulant de testostérone et d'œstrogènes, mais aussi de l'éducation [Cushing, 2005 ; Csatho, 2003].

Et, comme on peut s'y attendre, le degré de féminité exprimé par des attributs physiques se répercute sur les stratégies sexuelles mises en place dans le cerveau, y compris les préférences pour tel ou tel partenaire. Sur ce plan, il apparaît que les femmes suivent deux stratégies différentes : la « féminine » et la « masculine ». La femme « typiquement féminine » est pauvre en testostérone, elle laisse pousser ses cheveux, porte des vêtements qui mettent en valeur son corps et applique sans beaucoup de problème la stratégie féminine qui consiste à trouver un partenaire qui lui assure protection et ressources. Une telle femme serait même, dit-on, capable de recruter des hommes à fort taux de testostérone, réputés coureurs, pour rester près d'elle et son enfant, grâce à son extraordinaire pouvoir de séduction... L'autre femme, plus « masculine », jouait à des jeux de garçon quand elle était petite, ne met pas en avant sa féminité depuis qu'elle est devenue grande et a moins tendance à compter sur l'aide d'un homme pour subvenir à ses besoins.

La mise en place d'une stratégie de vie fondée plutôt sur des traits masculins ou plutôt sur des traits féminins dépend, chez la femme aussi, en partie du taux de testostérone en circulation pendant le développement du cerveau, en partie du taux de stéroïdes après la naissance et au moment de la puberté et, en partie encore, des interactions avec l'entourage [Cushing, 2005]. Tout n'est donc pas joué avant la naissance, et chaque femme dispose d'une plasticité suffisante pour s'adapter à son environnement. La même conclusion vaut évidemment pour les hommes qui subissent des influences génétiques dans la détermination de leur stratégie sexuelle, mais aussi d'autres influences au cours de leur développement.

La présence paternelle

Voilà que nos amis campagnols retrouvent le devant de la scène* pour nous aider, une fois encore, à mesurer l'importance de l'environnement dans la détermination du comportement familial. Je rappelle qu'il existe deux espèces de campagnols distinctes [Vincent, 2004] : celle des plaines et celle de la montagne, la première étant monogame et bon parent, la seconde volage et mauvais parent, les adultes ne s'investissant pas dans l'éducation des petits, surtout les pères. Maintenant, si on prend un bébé de la montagne et qu'on le fait élever par des parents de la plaine, celui-ci, quand il devient parent à son tour, ne s'investit peut-être pas auprès de ses petits autant qu'un campagnol de plaine, mais beaucoup plus, à coup sûr, qu'un campagnol de montagne. Or cet effet a été clairement corrélé à l'influence du père qui est présent de manière continue dans le nid des campagnols de plaine après la naissance [Cushing, 2005].

Comme le taux d'hormones est aussi sensible aux facteurs génétiques qu'environnementaux, on peut facilement concevoir que les nouvelles conditions de vie des femmes sur le plan professionnel agissent sur la proportion d'hommes « reproducteurs » ou « parents » dans la population

* Ces rongeurs jouaient déjà un rôle particulièrement important dans mes précédents ouvrages ; voir notamment p. 68 (Vincent, 2004).

totale. En effet, si ce sont les femmes qui choisissent de travailler, libérant ainsi la place du parent à la maison, alors ce choix favorise encore les hommes « parents », c'est-à-dire ceux qui, à la limite, sont prêts à sacrifier leur carrière pour s'occuper des enfants. Or ce sont bien pour ces hommes que les femmes d'aujourd'hui optent plus ou moins consciemment. Il est donc possible d'imaginer que les hommes « parents », par leur utilité indéniable, envahissent le terrain et que, leur proportion grandissant parmi les hommes, on assiste à un rééquilibrage mathématique entre le nombre de femmes et le nombre d'hommes grâce au glissement de leur rôle. Dans certains milieux, on peut même s'attendre à ce qu'il n'y ait plus aucun écart entre la disponibilité sexuelle des hommes et des femmes : une sélection d'accouplement qui se ferait sur le critère de l'investissement familial plutôt que sur celui de la fécondation rapprocherait, en effet, le rapport hommes/femmes de 1/1.

L'affaire est-elle alors réglée ? Sûrement pas ! Le cerveau humain est à l'affût de toutes les occasions qui peuvent se présenter et il faut se résoudre à l'idée que toutes sortes de variantes existent dans les stratégies sexuelles propres à la nature humaine. Si certains changements se manifestent déjà dans le comportement de certains couples modernes où la femme travaille et l'homme reste à la maison, ces changements sont loin d'être universels et ne concernent même qu'une minorité.

De fait, les femmes ne sont pas toutes les mêmes, et la femme féminine a toujours une place importante dans nos sociétés occidentales, sans parler de celle qu'elle occupe dans les sociétés traditionnelles où les femmes doivent se satisfaire de leur rôle de mère. Or tant que les femmes « féminines » existeront, il y aura des hommes « reproducteurs », car les deux forment une paire qui fonctionne : les premières possèdent les atouts de séduction nécessaires pour faire marcher la machine biologique de l'attachement chez les seconds, et c'est ainsi que, même le plus réfractaire des volages ne peut résister à l'étalage d'arguments convaincants qui lui sont proposés... Ainsi, la féminine et le reproducteur s'entretiennent-ils mutuellement ; l'éducation de leurs enfants, car ils auront des enfants, je l'ai dit, permettra alors à de nouvelles générations de continuer à jouer au jeu de la vie avec les mêmes cartes.

Cependant, il ne faut pas imaginer que nos deux types de couples vivent isolés l'un de l'autre : les nouveaux hommes domestiques côtoient les alpha mâles traditionnels, et tout ce petit monde fréquente les femmes des autres dans les dîners, les pique-niques ou les fêtes. Suivant la disponibilité, la concentration de population, l'éducation ou d'autres facteurs agissant sur les taux d'hormones, on peut parier que toutes les stratégies sexuelles vont continuer à se pratiquer pour peu que l'être humain, lui, continue de se reproduire. Les femmes féminines seront toujours là pour tenter les hommes de toute nature, à fort ou faible taux de testostérone, et les hommes volages, les « reproducteurs », seront toujours là, en quantité suffisante, pour que l'infidélité féminine demeure un risque sans cesse présent à l'esprit des hommes. Les deux points fondamentaux de désaccord – l'infidélité masculine, qui prive la femme d'une partie de ses ressources, et l'infidélité féminine qui prive l'homme de son rôle biologique reproducteur – demeureront donc pertinents...

Une telle pérennité des comportements n'empêchera pas pour autant des ajustements en vue du rapprochement des sexes, mais ce rapprochement comportemental accompagnera un rapprochement physiologique. D'ores et déjà, certains hommes qui ont un taux de testostérone en dessous de la moyenne, pour des raisons génétiques ou environnementales, montrent un comportement proche de celui des femmes. De la même façon, on peut imaginer que les femmes ayant un taux de testostérone plus élevé aient plus de facilité à s'imposer dans le monde du travail.

Des envies de vies

Pour déterminer le degré de masculinité et de féminité des femmes, on s'est servi d'un questionnaire portant sur l'envie d'enfants (quel nombre, à quel âge, etc.) et l'envie de carrière. On a alors constaté que le taux de testostérone salivaire, qui reflète le taux de testostérone en circulation, variait suivant les réponses aux questions et qu'il se révélait plus élevé chez les femmes dont l'envie d'enfants était faible et l'envie de carrière forte. En outre, il est apparu que le degré de masculinité des femmes était corrélé à leur taux de testostérone [Deady, 2006].

Même l'amour, mécanisme biologique par excellence conçu pour relier les hommes et les femmes, se caractérise par une modification de cette hormone qu'est la testostérone, qui baisse chez l'homme et monte chez la femme, comme si, pour s'entendre, il fallait se ressembler davantage physiquement... Serait-ce à dire que, inconsciemment, nous rêvons d'un avenir où les couples uniraient deux êtres se choisissant sur des critères de similitude et se ressemblant de plus en plus ?

VIVE LA DIFFÉRENCE

Les différences entre les femmes et les hommes sont logiquement à rattacher aux différences de fonctions sexuelles. Pour le dire autrement, c'est parce qu'il y a d'un côté des spermatozoïdes et de l'autre des ovules – d'un côté un pénis et de l'autre un utérus – que les stratégies sexuelles sont distinctes suivant le sexe. Or ces stratégies se répercutent dans tous les domaines de la vie, produisant des objectifs de vie carrément antinomiques. D'où cette méfiance réciproque que les femmes ont pour les hommes et les hommes pour les femmes. D'où aussi leur absence de compréhension.

La série des livres sur Mars et Vénus a très bien démontré les différences de comportement entre les sexes, mais elle n'est pas allée jusqu'au bout, se contentant d'identifier les compétences spécialisées des hommes et des fem-

**Je suis quel type d'homme/
quel type de femme ?**

Fournis par les études scientifiques, les indices suivants sont présentés comme révélant un taux de testostérone plus important pendant le développement :

— Avoir un annulaire plus long que l'index.
— Être gaucher.
— Être bon en mathématiques et en musique.
— Avoir de l'asthme.
— Être myope.
— Avoir de bonnes compétences spatiales.
— Être dominant.
— Aimer la science.
— Avoir des difficultés de communication.
— Avoir une maladie rare du système immunitaire.
— Avoir de médiocres compétences verbales.

[Martino, 1995 ; Grant, 2001 ; Temple, 1990 ; Knickmeyer, 2006]

mes qui résulteraient de ces différences. Or ce que la reproduction sexuée dans l'espèce humaine met plutôt en lumière, c'est moins la spécialisation que la compétition acharnée que se livrent les sexes. Dans toutes les espèces, les mâles visent la quantité et les femelles la parcimonie ; c'est la vie. Le premier problème de l'être humain vient de l'inadéquation entre les moyens dont dispose la femelle et les besoins qui sont ceux de l'enfant, et c'est cette insuffisance qui nécessite l'enrôlement forcé du mâle. Le second problème vient des progrès médicaux qui permettent à l'être humain de vivre au-delà de ce qui est raisonnable biologiquement, ce qui ouvre la porte à des options de vie qui ne sont plus guidées par la biologie. Ainsi la nature de l'amour, qui est de rapprocher l'homme de la femme, mais pour une durée limitée, est-elle souvent mal comprise. L'amour provoque des sensations fortes et mène parfois au bonheur ; on voudrait qu'il dure toute la vie, qu'il soit un mode de vie, mais il ne peut pas l'être. L'état amoureux n'est qu'un accommodement temporaire en vue d'un objectif déterminé, la reproduction. Cela, nous ne sommes heureusement pas censés le savoir...

L'amour permet le rapprochement en rendant les hommes et les femmes plus semblables, tout comme la modification actuelle des taux hormonaux tend à atténuer les différences entre les sexes. On peut donc envisager un avenir où le couple idéal sera celui où on a du mal à différencier le garçon de la fille physiquement ou par le comportement. Il n'empêche, pour le moment encore, tous les couples ne sont pas faits ainsi et la différence est encore la règle pour beaucoup. Confronté aux données concernant les stratégies sexuelles et les différences irréductibles entre les sexes, il serait donc plus judicieux de se demander, non pas pourquoi il y a tant de divorces, mais pourquoi tant de couples restent ensemble, une fois l'amour passé. S'il est bien vrai que, dans la nature, on ne se force pas, car la survie a toujours été le moteur de nos actions dans l'évolution, essayons de trouver ce qui pourrait justifier cette vie commune prolongée. Est-ce le fait de côtoyer la différence, l'insondable qui, en ayant des effets stimulants sur le cerveau et en favorisant le développement de qualités comme l'intelligence, la prise de risque ou la curiosité, qui rend compte, au bout du compte, de la longévité de la vie à deux ? Se peut-il que notre couple, si imparfait et si conflictuel soit-il, constitue finalement une force pour l'espèce humaine ? C'est du moins ce que je propose ici : la différence dans le couple me paraît être une qualité fondamentale, non pas pour le confort de chacun – le taux de divorce prouve que le couple n'est pas un lit de roses –, mais comme facteur de développement de l'espèce humaine. Si les hommes et les femmes ne sont pas faits pour se comprendre, le fait qu'ils essaient tout de même ferait-il de l'espèce humaine une espèce à part ? C'est ce que nous allons voir ensemble maintenant.

CHAPITRE 6

La fascinante étrangeté de l'autre

Nous allons, l'espace de quelques pages, lever les yeux de notre nombril et respirer à fond en regardant le ciel, faire quelques pas en arrière pour avoir une vue panoramique et objective sur cette curiosité que constitue le couple humain. L'amour a coloré notre vision de ce que doit être un couple, alors qu'une analyse sérieuse doit plutôt tenir compte des données biologiques concernant l'utilité de l'état amoureux et les raisons de son espérance de vie limitée. Le couple durable n'est pas prévu dans le programme de l'amour. S'il joue un rôle majeur dans la formation du couple, il ne le rend pas viable dans le temps : il ne faut pas confondre un CDD avec un CDI. Il reste que l'amour est un moment merveilleux dans notre vie et que nous avons bien du mal à en faire le deuil le jour où nous nous rendons compte qu'il n'a plus le même « punch » pour notre cerveau.

Le premier handicap qui empêche d'analyser froidement l'institution du couple est justement cette nostalgie de l'amour : pourquoi faudrait-il s'arrêter ? N'y a-t-il pas un « truc » pour le faire durer toute la vie ? Ne suffit-il pas de faire des efforts de part et d'autre ou de mieux choisir son partenaire au départ ? Et les séances chez un « psy », elles permettent bien de comprendre ce qui se passe dans la tête de l'autre ou de contourner ces différences qui font obstacle à l'amour, non ? Non ? Non. Ou plutôt, je dirais : essayez, cela fait partie du jeu de la vie, cela occupe, fait rêver et fournit un objectif qui paraît clair et net. En revanche, mieux vaut éviter de culpabiliser devant le constat d'un échec toujours possible et souvent réel. L'amour passionnel qui dure est une rareté et, en dehors de l'aventure personnelle qu'on peut vivre en le pourchassant, on n'a pas vraiment de raison d'insister.

Un autre handicap qui empêche de voir le couple tel qu'il est et de le gérer suivant des critères objectifs est celui des conventions sociales. On associe une notion de vertu au couple : ceux qui parviennent à se supporter pendant cinquante ans auront les félicitations de tous ceux qui les ont vus s'étriper plus d'une fois et, si on arrive à soixante-dix ans de vie commune, c'est presque le pays tout entier qu'il faut prévenir de cet événement *via* les actualités de treize heures. Le divorce, à l'inverse, sera considéré comme un échec et quelqu'un qui s'est marié plus de deux fois subira les critiques de tous ceux qui n'ont pas osé passer à l'acte ou qui se sont encombrés d'enjeux financiers trop lourds pour se le permettre.

Un anthropologue extraterrestre qui rendrait compte, sur une lointaine planète, de la situation sociale des femmes et des hommes dans les pays privilégiés de notre planète aurait du mal, au vu de tous les articles de magazines et de tous les livres qui parlent de ce merveilleux amour, à en retrouver des traces en observant la majorité des couples humains. En revanche, il verrait bien que les couples ne résultent pas uniquement de conventions et d'habitudes, mais qu'ils remplissent de toute évidence un besoin, car, après tout, plus d'un couple sur deux résiste à la déception postpassionnelle et s'installent dans le temps, et aussi que ceux qui se séparent n'ont souvent qu'un seul objectif : retrouver l'amour avec un autre partenaire. À cela, il doit y avoir des raisons.

La passion se dissipe, les enfants grandissent et ils n'ont plus besoin de leurs deux parents assemblés ; la médecine moderne entretient les dents et les yeux et on peut très bien affronter seul les dangers de la ville : les bêtes ne rôdent pas dans les rues. Aujourd'hui, donc, on a le choix : on peut rester avec quelqu'un ou vivre seul. Pour ceux qui décident de continuer l'aventure, les raisons sont variées : quelquefois, il existe un lien amical fort ; quelquefois, il y a une vie sexuelle stimulante ; pourtant, le plus souvent et à des degrés plus ou moins importants, ce qu'on voit, c'est beaucoup de querelles, de disputes, de rages et de colères. Dans ce cas, pourquoi insister ?

TOUT EST DANS LA DOPAMINE ET RÉCIPROQUEMENT

Nous sommes certains au moins de faire l'objet de toute l'attention de notre extraterrestre à son arrivée sur terre pour la simple raison que nous sommes une espèce à part, installée dans le monde entier et dotée de béquilles technologiques en tout genre. Et, effectivement, quelque chose doit différencier l'être humain des autres espèces animales. Nos prouesses immenses tiennent sans aucun doute, en grande partie, à notre nature curieuse, et l'envie d'aller voir ailleurs, de tester des hypothèses et de sonder l'inconnu est un atout considérable pour la maîtrise de l'environnement. Il se trouve que cette qualité est reconnue en neurosciences comme faisant partie intégrante des mécanismes de nombreuses fonctions cérébrales : la population humaine (comme celle des rats, d'ailleurs) peut être divisée selon sa plus ou moins grande sensibilité au besoin de nouveautés et de sensations, propriété neurobiologique qui peut aussi être intimement rattachée à notre sensibilité à l'ennui.

La motivation et l'ennui sont à la base de notre impression de bien-être : une personne bien portante qui se lève le matin avec la « pêche » et pour qui aucune tâche ne paraît insurmontable est quelqu'un qu'on juge en forme. Inversement, l'ennui et l'absence de motivation sont considérés comme des symptômes de mal-être et, parfois, de dépression. Il semble exister deux états mentaux principaux face à l'envie d'agir, avec des variantes entre ces deux extrêmes. La curiosité est liée à un état élevé de motivation et une inhibition de la peur ; l'apathie, elle, est associée à une peur exacerbée de tout ce qui est nouveau et à un manque d'envie simplement de voir ce qui se trouve pourtant à portée [Mallo, 2007]. Comme ces deux états existent autant chez l'être humain que chez le rat, les chercheurs ont donc pu assez aisément en explorer les mécanismes.

Voyage au bout de l'ennui

Me voici à parler de la plus terrible des pestes : l'ennui, instrument ordinaire de la damnation des artistes et des gens de lettres. Madame du Deffand, qui le connaît bien, écrit à son sujet : « Il est comme la gelée qui fait mourir toutes les plantes. C'est un avant-goût du néant, mais le néant lui est préférable. C'est la plus épouvantable des maladies de l'âme : elle seule donne l'idée des supplices de l'au-delà. C'est un mal redoutable et il est inévitable pour ceux qui ont été agités par les passions et en souffrent la privation » [Du Deffand, 1971]. Où, donc, situer cet ennui qui torture les malheureux esprits que la morne contemplation du vide rend fous de douleur et fait se jeter dans l'amusante compagnie de Satan ? Dans le cerveau, bien sûr, où se trouvent les différents systèmes qui règnent sur le sentir et l'agir [Vincent, 1996].

L'intérêt de la compréhension des mécanismes qui régulent les sensations et l'action est de permettre de savoir si le partenaire de l'autre sexe, avec ses caractéristiques si différentes des siennes propres, ne fournit pas une source disponible et facilement accessible de stimuli différents agissant sur le cerveau de telle sorte que celui-ci est maintenu dans un état d'éveil optimal. Si tel était le cas, l'entretien du couple assurerait une motivation profonde, une curiosité aidant à profiter de tout ce que l'environnement offre, tout en alimentant juste ce qu'il faut de peur pour permettre d'appréhender les vrais dangers qui guettent chacun.

Pour les chercheurs, il y a un circuit de motivation dans le cerveau, centré sur l'amygdale, qui sous-tend les émotions et qui est essentiel dans la détermination des comportements d'approche et d'évitement nécessaires à la survie de l'espèce. Comme les comportements d'approche, vitaux pour manger, boire ou encore faire l'amour, sont tout aussi vitaux que les comportements d'évitement en cas de danger, ces deux types de stimuli doivent logiquement être pareillement signalés dans le cerveau puisqu'ils sont pareillement avantageux pour la survie [Lang, 2006]. C'est par l'émotion que ces stimuli vitaux mobilisent une attention sans faille permettant d'agir. Une émotion sert donc toujours à signaler une situation importante à gérer (c'est même pour cela qu'elle augmente le degré de vigilance et d'éveil et rehausse l'attention portée à telle ou telle situation), et en même temps elle prépare les réponses métaboliques et comportementales les plus propices à gérer la situation au mieux.

Un stimulus qui provient de l'extérieur arrive à l'amygdale par le biais du thalamus, relais cervical pour toute information entrante, et est complété par des informations relayées depuis l'hippocampe, la mémoire, qui compose notre fichier central pour pouvoir comparer le présent avec le passé afin de prédire et envisager l'avenir. Toutes ces informations reçues dans le noyau basolatéral de l'amygdale sont ensuite dispatchées dans les relais nécessaires pour coordonner la réponse adéquate. Le cortex orbitofrontal, grâce à sa mémoire des événements porteurs de l'émotion en question, sert à choisir le comportement à effectuer ; l'hypothalamus met en route les réactions du système endocrinien ; enfin, le noyau gris central diminue la sensibilité à la douleur tandis que plusieurs zones contribuent au niveau d'éveil et que les muscles de la face communiquent l'émotion éprouvée à l'entourage par le biais de grimaces appropriées. On le voit, la coordination de l'ensemble est complexe et implique de nombreux centres, relais, hormones ou nerfs moteurs. On comprend ainsi aisément que les réactions de chacun ne soient pas identiques et, aussi, qu'il puisse facilement y avoir des dérèglements de nature à produire la pathologie…

L'équilibre émotionnel est un art qui n'est pas donné à tout le monde : on peut perdre ses moyens, développer des ulcères, devenir accroc aux sensations, perdre l'envie de réagir, ne plus dormir par peur de l'inconnu ou encore avoir mille autres réactions malheureuses. Non seulement un grand nombre de facteurs entrent en jeu dans cet équilibre, mais les susceptibilités de chacun à des situations appétitives ou des situations de fuite ne sont pas identiques. Il existe, en effet, des différences génétiques, dans la réactivité des systèmes, sans parler des conditions de développement

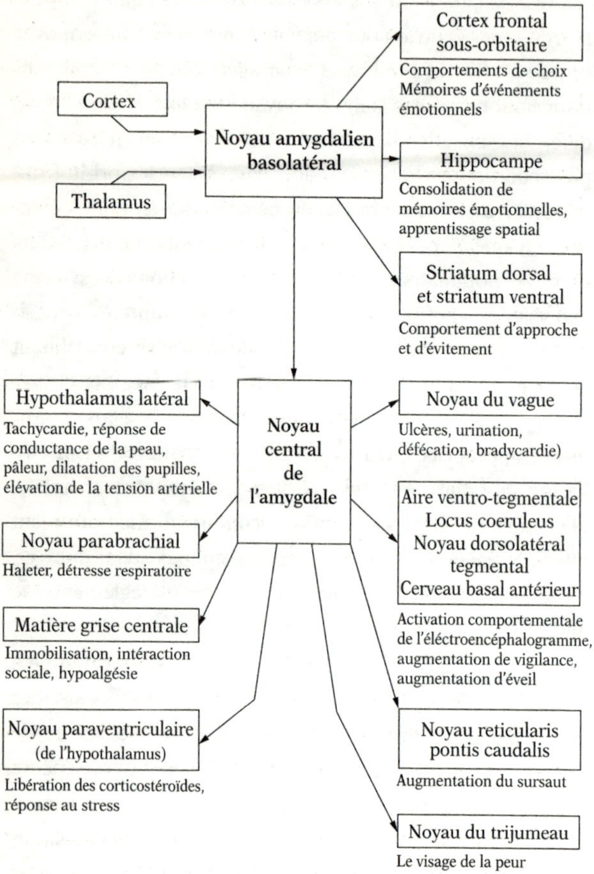
Cortex
Thalamus
Noyau amygdalien basolatéral
Cortex frontal sous-orbitaire
Comportements de choix
Mémoires d'événements émotionnels
Hippocampe
Consolidation de mémoires émotionnelles, apprentissage spatial
Striatum dorsal et striatum ventral
Comportement d'approche et d'évitement
Noyau central de l'amygdale
Hypothalamus latéral
Tachycardie, réponse de conductance de la peau, pâleur, dilatation des pupilles, élévation de la tension artérielle
Noyau parabrachial
Haleter, détresse respiratoire
Matière grise centrale
Immobilisation, intéraction sociale, hypoalgésie
Noyau paraventriculaire (de l'hypothalamus)
Libération des corticostéroïdes, réponse au stress
Noyau du vague
Ulcères, urination, défécation, bradycardie)
Aire ventro-tegmentale
Locus coeruleus
Noyau dorsolatéral tegmental
Cerveau basal antérieur
Activation comportementale de l'éléctroencéphalogramme, augmentation de vigilance, augmentation d'éveil
Noyau reticularis pontis caudalis
Augmentation du sursaut
Noyau du trijumeau
Le visage de la peur

[Lang, 2006]

et d'éducation qui rendent chaque personne unique par ses réactions comme par l'émotion qu'elle ressent face à chaque type de situation. Ne perdons pas de vue non plus que les émotions éprouvées et les situations qui les provoquent ont leur origine dans la vie sur terre avant qu'on ait créé la médecine moderne, inventé les pompiers ou la police, développé la lecture, l'école et tout le reste. Les psychanalystes savent bien que chacun traîne avec lui des émotions inadaptées à sa vie actuelle en raison de conditionnements, d'apprentissages ou même de mauvaises interprétations d'indices environnants. La littérature scientifique, quand elle traite des mécanismes du système de récompense que sont la motivation et l'émotion, évoque surtout certaines maladies qui y trouvent leur origine. L'addiction en est l'exemple type : chez des personnes particulièrement sensibles à la douleur de l'ennui, la recherche de sensations prendrait le dessus, et ces individus trouveraient une sorte de béquille pour supporter leur malaise dans des drogues qui stimulent directement le circuit de récompense du cerveau [Koob, 2006 ; Hyman, 2006 ; Kalivas, 2005]. Je précise que ces comportements inadaptés aux situations qui se présentent, comme l'excès d'agressivité, pourraient aussi résulter d'un mauvais équilibre des circuits de l'émotion [Chen, 2005].

La dépression, on s'en serait douté, est également liée à un déséquilibre des neurotransmetteurs dans les circuits permettant de répondre de manière adaptée aux aléas de la vie, qu'ils soient positifs ou négatifs. L'anhédonie est typique de plusieurs formes de dépression – on n'arrive pas à trouver du plaisir, même à ce qui est le plus plaisant, que ce soit les personnes aimées, un bon restaurant, la musique, l'art ou sa propre réussite professionnelle, et cet état malheureux a, de fait, été scientifiquement relié à un déficit dans le système de récompense [Keedwell, 2005]. Les maladies « modernes », elles aussi, comme le syndrome de fatigue chronique qui présente des symptômes proches de ceux de la dépression, trouvent probablement leur source dans des dysfonctionnements du même ordre [Brunello, 1999]. Mais il n'est pas plus adapté de réagir avec un enthousiasme excessif à tout ce qui arrive, comme le fait une personne maniaque, laquelle connaît également un dérèglement du système de récompense, mais avec des effets opposés [Hasler, 2006]. D'ailleurs, on constate que la dépression chez beaucoup de personnes alterne avec des phases maniaques dans ce qu'on nomme aujourd'hui la maladie bipolaire, anciennement appelée psychose maniaco-dépressive : les hypothèses les plus récentes concernant cet état mettent d'ailleurs en avant l'existence d'une modification de réactivité du système émotionnel à la base des deux types de réaction [Henry, 2003 ; Henry, 2006]. Il est même possible qu'une histoire précoce de grand stress induise cette hypersensibilité émotionnelle [Dienes, 2006].

Nous sommes donc fragiles, et nous sommes aussi très différents les uns des autres : une épreuve insurmontable pour un tel peut paraître facile, voire plaisante, pour tel autre et inversement. Tout dépend, au fond, du réglage préalable des systèmes, car, d'un individu à l'autre, on constate des différences dans le nombre de récepteurs en place

Attention, cerveau en formation !

Nombre de données attestent que les circuits de notre cerveau se forment au gré des expériences de la vie afin de nous rendre les mieux armés possibles pour pouvoir répondre aux stimuli de notre environnement. Déjà dans le ventre d'une maman, on peut obtenir des informations nous renseignant sur ce qui se trame. Par exemple, les hormones du stress maternel se transmettent au fœtus afin de préparer son cerveau aux situations stressantes : le petit qui naîtra aura ainsi un comportement altéré qui pourra aller de « plus peureux que la moyenne » à carrément « pathologique » [Huizink, 2004 ; Weinstock, 2001]. En fait c'est tout au long de la vie que notre cerveau demeure plastique. Cette plasticité lui vaut de pouvoir apprendre des langues, découvrir la musique ou les mathématiques, mais aussi mettre au point les stratégies comportementales efficaces pour obtenir ce dont il a besoin [Pascual-Leone, 2005].

pour chaque neurotransmetteur dans chaque circuit, dans le nombre de transporteurs et d'agents de recapture de ces neurotransmetteurs qui leur permettent de se prélasser dans les synapses pendant quelques microsecondes de plus, dans le nombre de synapses et le nombre de neurones entre les différents relais… Les possibilités de plasticité sont pratiquement infinies. L'ensemble des éléments impliqués à un moment donné de notre développement, et pendant toute notre vie, fait ainsi de chacun de nous quelqu'un de plus ou moins réactif aux situations d'alerte, qu'elles soient positives ou négatives, quelqu'un de plus ou moins sensible à la douleur de l'ennui, quelqu'un de plus ou moins apte à se procurer des sensations fortes...

PUIS ARRIVE LE PARTENAIRE SEXUEL...

Le phénomène de l'amour mène son chemin et le cerveau accueille l'étranger qui se présente à lui en lui laissant la meilleure place qui soit au sein de ses pensées, et il en profite le temps qui lui est alloué. La suite de l'histoire semble plus aléatoire. Nous avons vu qu'il existe souvent un sentiment de mépris, voire de haine, à la fin d'une histoire d'amour, et nous savons aussi qu'il n'existe pas de règle immuable concernant le devenir d'un couple. Même en tenant compte du sens du devoir qui est particulièrement bien développé chez certains, il paraît tout de même surprenant que des couples restent ensemble alors qu'ils sont arrivés à un stade où la vie quotidienne n'est plus rythmée que par les disputes. La gestion des disputes est au cœur de la réussite d'un couple, on le sait [Vincent, 2004], mais il reste un aspect de la dispute qui n'a pas été exploré pour sa contribution à long terme à l'entente des deux partenaires en jeu. Il me semble, pourtant, que la différence, ou l'étrangeté du sexe opposé, et les divergences de points de vue que cette différence entraîne, sont à l'origine d'une stimulation réciproque de leur système émotionnel, qui tient à l'écart cette bête noire qu'est l'ennui.

SERIONS-NOUS TOUS BIPOLAIRES ?

Quand on dit de quelqu'un qu'il est d'humeur égale, on lui fait un compliment rare, car nous sommes le plus souvent tous sujets à des modifications d'humeur selon le temps qu'il fait, ce que dit la balance le matin au lever ou notre relevé de compte en fin de mois. Ces petites variations quotidiennes ne sont pas graves, mais elles rendent la vie plus ou moins agréable et se situent malgré tout sur une échelle qui va jusqu'à la pathologie avérée. Un débordement du système de récompense dans un sens motivant, avec libération facilitée de dopamine pour donner envie d'agir est vécu comme une activation qui rend toute tâche facile. Toutefois, si le débordement se fait plus soutenu, son résultat neurophysiologique risque d'entraîner la recherche effrénée de sensations et certains d'entre nous ne trouveront de soulagement à ce besoin que dans l'alcool, la drogue ou des achats multiples et inutiles – toutes sortes de comportements plus ou moins dangereux et plus ou moins pathologiques selon leur degré et leur fréquence. Inversement, chacun a connu des matins difficiles, des moments où il est impossible de se décider à commencer un travail ou aborder une rencontre – des baisses du niveau de dopamine dans l'axe mésolimbique, quoi ! Malheureusement, chez un petit nombre, ces modifications sont sévères et durables, à tel point que le sujet devient apathique et ne ressent plus aucune émotion, quoi qu'on lui propose comme stimulus.

Alors, il n'y a plus de motivation pour se lever le matin, et on se demande à quoi bon vivre. Un grand nombre de maladies du système nerveux central s'accompagne d'apathie – dans la maladie d'Alzheimer, de Parkinson ou la schizophrénie [Van Reekum, 2005 ; Levy, 2006 ; McAllister, 2000], mais aussi dans la dépression. Sans aller jusqu'à sombrer dans l'apathie ou s'exciter de manière maniaque, reconnaissons donc que nous connaissons tous des hauts et des bas. De là l'intérêt d'un compagnon de vie pour exciter nos neurones, mais aussi, plus largement, maintenir l'équilibre de notre système de récompense.

L'HOMME OU LA FEMME DE MES RÊVES

Nos rêves, malheureusement, ne savent pas très bien de quoi ils parlent et l'un des défauts majeurs auprès du conseil du couple se trouve dans l'absence d'échelle permettant d'en évaluer la réussite. La seule mesure objective que l'on puisse avancer concerne la longévité des personnes vivant en couple en comparaison des célibataires. Or les femmes vivent moins vieilles quand elles sont en couple, alors que les hommes vivent plus longtemps. On met toutefois ce phénomène au compte d'une meilleure hygiène de vie (alimentaire, en particulier) des hommes quand ils sont en couple... En l'absence de mesure objective de la fonctionnalité ou de la réussite d'un couple, on est donc obligé de se contenter des statistiques de non-divorce, tout en admettant que chacun est libre de partir s'il le souhaite. Le divorce est aujourd'hui relativement facile et accepté socialement (à condition de ne pas en abuser). Les couples qui fonctionnent sont donc ceux qui durent, même si on ne peut ignorer les pressions sociales qui obligent certains, quand ils sont malheureux, à prolonger l'agonie : lorsqu'on a quatre enfants, une hypothèque sur la maison et des biens en commun, on réfléchit avant de tout bousculer... Néanmoins, en fin de compte, une fois que l'histoire d'amour, avec son euphorie et ses émotions fortes, est terminée et que nous savons qu'il nous reste une cinquantaine d'années à vivre au maximum, comment trouver la motivation nécessaire et suffisante pour la suite ?

Beaucoup de gens croient que le couple idéal est celui où les partenaires s'entendent bien et ne se fâchent jamais. La neurobiologie nous apprend pourtant que n'importe quelle émotion vaut mieux, pour notre équilibre, que l'absence d'émotion. Nous avons tous l'ennui en horreur. Il se peut, par conséquent, que des couples qui passent leur temps à se disputer soient en réalité en train de maintenir réciproquement le niveau d'activité minimal dans le centre de récompense de leur cerveau. Si tel est bien le cas, on imagine facilement que la similitude se montre moins efficace que la différence, vu que tout ce qui est semblable entraîne le consensus, alors que ce qui est différent représente toujours un défi. Pourquoi, alors, ne pas choisir un étranger ? En effet, si la différence est incarnée par un être que l'on fréquente depuis un certain temps déjà, la stimulation peut continuer à produire ses effets, sans que l'on souffre de la notion de danger souvent associée à l'inconnu. Il se pourrait donc bien que le couple soit le meilleur rapport qualité/prix en neurobiologie si, du moins, on entend se garantir un maximum de frissons pour très peu de risque réel.

CET INCONNU SI FAMILIER...

Quand on évoque les frictions dans le couple, chacun mettant l'autre constamment au défi, on fait fréquemment la confusion entre la provocation d'émotions, celle dont je parle ici, et la réaction stressante dont parlent certains sociologues qui travaillent sur la dispute dans le couple [Buss, 1991]. De nombreux travaux mettent en évidence la réactivité au stress dans l'échec du couple, et la gestion de la dispute comme remède. De fait, la réactivité émotionnelle est souvent la variable mesurée chez des couples mis en situation de conflit dans des conditions de laboratoire, et le chercheur américain David Buss a ainsi réussi à extraire des paramètres d'agressivité individuelle pour prédire les couples qui vont durer et ceux qui vont se séparer. Pourtant, il ne me semble pas que l'intensité des émotions, comme phénomène, soit strictement superposable aux réactions liées au stress dans le cerveau : par exemple, la mémoire est facilitée quand on vit des émotions intenses, alors que le vécu d'un stress intense produit l'effet inverse et inhibe la mise en mémoire des événements vécus [Maheu, 2003]. Cela paraît fournir un point de repère possible pour différencier les interactions animées qui soutiennent le couple des autres interactions qui le détruisent : on peut imaginer qu'un couple qui fonctionne avec succès dans la dispute est un couple qui fait marcher ses émotions et éloigne l'ennui sans trop activer le système de stress.

De nombreux éléments s'accordent pour assurer une stimulation réciproque importante des systèmes de récompense entre les deux sexes – ce qui, soit dit en passant, rejoint la thèse de Mars et Vénus, vu que ce qui agace fait souvent partie des comportements spécialisés et typiques du masculin ou du féminin. Premièrement, les stimuli sont automatiques, et on va forcément trouver étranges les actions, les motivations ou les réflexions de quelqu'un qui est à ce point différent de nous qu'il a fallu que la nature nous aveugle, *via* l'amour, pour le rendre supportable. C'est ainsi que non seulement on va trouver cet autre différent, mais qu'on va obligatoirement se trouver en position de conflit avec lui, puisque ses stratégies et les nôtres sont contradictoires.

Les discussions sur la différence ne peuvent qu'être animées émotionnellement. Cette façon de voir pourrait faire craindre la dégénérescence des rapports entre les sexes vers la mésentente totale. Heureusement, le couple intègre aussi des « pare-feu », des mécanismes permettant de tempérer les différences, voire de fournir leur propre stimulation pour le centre de récompense. Le facteur le plus flagrant qui différencie le couple d'autres associations de personnes qui se disputent est, ni plus ni moins, que l'acte sexuel. Ce dernier existe en filigrane, entre les deux cerveaux, comme élément d'unification du passé et comme facteur de pacification du présent. L'acte d'amour, par tous les gestes qui le constituent, provoque, en effet, la libération d'ocytocine dans le cerveau. Comme nous l'avons vu, les mécanismes par lesquels cette hormone renforce le lien entre deux partenaires, relie les voies sensorielles du cerveau au circuit de plaisir, de telle sorte que la seule présence de l'autre fait du bien. On sait maintenant aussi que l'ocytocine produit d'autres effets bénéfiques toujours dans le cerveau : par exemple, la peur ressentie en présence de stimuli potentiellement menaçants se trouve diminuée sous son effet [Kirsch, 2005] par une action sur l'amygdale.

Je rappelle que l'amygdale est un relais central entre les stimuli entrants et les réactions que ceux-ci doivent provoquer. Elle est, pour cette raison, très active en présence de visages inconnus : les messages qu'elle envoie dans ce cas à d'autres endroits du cerveau provoquent ainsi la peur, l'évitement social ou la phobie [Amaral, 2003]. Que l'ocytocine diminue son effet et rende le cerveau plus hardi face à des menaces implique d'une part que la vie à deux peut posséder un effet anxiolytique – on se sent plus fort quand on est soutenu par son partenaire – et, d'autre part, que la présence du partenaire ne provoque pas la peur. Des expériences effectuées sur le rat ont bel et bien montré que l'ocytocine diminue la réponse de l'axe hypothalamo-hypophysaire face à des situations stressantes [Windle, 2004], ce qui signifie que les réactions hormonales et, donc, les répercussions sur le corps et le cerveau sont moins intenses en présence d'ocytocine et permettent à l'animal de mieux supporter les situations pénibles et les stress de la vie. Dans l'espèce humaine, la présence du partenaire agit comme un absorbeur de chocs, qui libère le cerveau des effets paralysants de la peur et du stress, ce qui implique une désinhibition permettant de passer plus facilement à l'action. Les conditions idéales sont donc réunies pour que les agacements servent de manière optimale à titiller l'amygdale de l'autre, sans produire les effets néfastes liés à des stimuli stressants et sans être sérieusement intimidants. Tout ce qui nous choque chez notre partenaire, c'est-à-dire tous les comportements liés à ses stratégies sexuelles à lui, est ainsi observé et supporté. En bonus, ces comportements nous servent aussi, à intervalles réguliers, à meubler les conversations délicieuses entre copains ou entre copines qui nous aident à savoir si nos réactions sont partagées par d'autres membres de notre sexe.

Chez les hommes comme chez les femmes, tous les propos disgracieux concernant l'autre sexe sont le fruit d'une multitude d'observations qui donnent lieu à des interrogations dans le cerveau. L'empathie est un mécanisme complaisant de reconnaissance réciproque ; il nous conforte dans nos certitudes, alors que l'incompréhension répétée, celle du sexe opposé, agit comme une force d'opposition face à notre façon de penser. Qu'on comprenne ou pas ces griefs, après réflexion, reste pourtant secondaire, car, ce qui prime, c'est le maintien en éveil, la mise en alerte ou

Les choses qui fâchent

Paroles d'homme :

« Elle est folle de shopping ; elle a cinquante paires de chaussures ; elle n'arrête pas de râler ; elle ressemble de plus en plus à sa mère ; elle ment (elle fait semblant de jouir) ; elle est autoritaire ; elle se mêle de tout ; elle est avare ; elle calcule tout ; elle profite des fantasmes des hommes, puis les accuse de perversité ; elle a la mauvaise foi chevillée au corps... »

Paroles de femme :

« Il est égoïste ; il laisse traîner ses affaires ; il ne trouve rien ; il est obsédé par sa moto/sa voiture ; il regarde sous chaque jupon qui passe ; il traverse la maison avec ses bottes sales ; il ne range rien derrière lui ; il ne quitte jamais son travail quand notre enfant est malade (c'est moi...) ; il me réveille la nuit pour faire l'amour ; il est jaloux ; il veut qu'on passe tous les dimanches chez sa mère... »

« sous tension » du cerveau que ces incompréhensions provoquent, tout en nous mettant, de surcroît, à l'abri de l'ennui. Dans un tel contexte, l'objectif n'est pas prioritairement le bonheur. Comme le malheur, le bonheur est le résultat de la stimulation de nos systèmes sensoriels. Que le verdict rendu par les centres de récompense soit « appétitif » ou « repoussant », ces deux types de réponses restent positifs pour le système d'alerte du cerveau. On continue à gérer les aléas de la vie, à se sentir impliqué dans son environnement et à participer aux échanges. Même si le prix à payer est une émotion négative, comme l'agacement, la tristesse ou la colère, c'est relativement peu cher eu égard au maintien en équilibre du cerveau qui assure l'entraînement nécessaire pour affronter la vie.

Comme tout ce qui concerne le couple, l'activation du système émotionnel au moyen d'interactions musclées avec son partenaire est à prendre en considération en même temps qu'un ensemble d'autres éléments. Les individus qui forment des couples sont très variables, et la sensibilité du système de récompense de chaque individu supporte plus ou moins bien les provocations. S'il fallait donner une recette pour former un couple harmonieux (ou, disons de manière plus réaliste, un couple qui réussit à se supporter en trouvant que la compagnie de l'autre vaut mieux que la solitude), il faudrait donc prendre en compte un grand nombre de paramètres : aucune recette n'est donc universelle.

Au lieu de promettre une formule magique pour la durée du couple, laquelle n'existe pas, rappelons plutôt les autres facteurs importants pour le bon fonctionnement d'un couple sur la longue durée. Ce n'est pas parce que l'agacement est un élément positif que l'on doit tout supporter de la part de l'autre – il est d'ailleurs difficile, soyons honnête, de faire la part entre la stimulation bénéfique et le harassement chronique qui devient nuisible. Mieux vaut intégrer l'agacement à l'ensemble des éléments qui jouent sur la réussite ou sur son échec. Bien entendu, aucun couple n'est fondé sur l'agacement. En revanche, son intérêt aide à comprendre l'utilité de la dispute. N'oublions pas, pour autant, que la répétition tue la dopamine et que, si la dynamique d'un couple repose sur l'usage du même dialogue hargneux maintes fois répété, il y a de grands risques pour que son pouvoir excitant disparaisse et que l'ennui s'installe. Et puis, il y a l'essentiel, qu'il faut toujours garder à l'esprit : un stimulus émis par l'autre n'est pas nécessairement négatif ; dans ce duo si étrange que compose un couple hétérosexuel, il existe même des moments de complicité et de plaisir qui ne sont pas du tout ménagés ou artificiels.

MON *ALTER EGO* !

Les moments qui sont à la base d'un couple réussi sont les moments de complicité et ce phénomène, satisfaisant par bien des aspects, repose sur la connaissance, la confiance et l'approbation. Compte tenu de l'étrangeté fondamentale incarnée par le sexe opposé, il est difficile d'imaginer installer dans la durée ce rapport d'amitié – en effet, dans la majorité des couples, ce que l'on constate, c'est un effet « Yo-Yo » entre l'amour et la haine, entre la complicité et l'incompréhension, suivant des cycles variables. Chaque journée vécue à deux apporte son lot de questionnement et chacun, femme ou homme, doit prendre position ou répondre, ce qui fournit à l'autre autant d'occasions de le juger compte tenu de son comportement et de l'intégrer à l'image qu'il se fait déjà. La complicité se gagne par des avis et des comportements partagés qui mettent les deux partenaires en confiance et leur font gagner des parts de compréhension sur la méconnaissance et la méfiance qui prédominent. Chaque portion de complicité gagnée peut faire changer d'avis notre cerveau inconscient sur le partenaire !

On sait aujourd'hui que les actes et les paroles enregistrés par le cerveau conscient se trouvent intégrés dans nos actions inconscientes. Si on divise arbitrairement en deux groupes des sujets devant passer un test, et qu'on dit au premier groupe qu'il est sûr d'échouer à cause de sa bêtise et de son ignorance, alors qu'on dit à l'autre groupe qu'il a toutes les chances de l'emporter parce qu'on le sait très intelligent, on observe que le premier groupe a des taux de réussite significativement inférieurs à ceux du second groupe.

Comme, de manière générale, chacun s'avère plus gentil quand il est seul qu'au milieu d'une foule, on en déduit qu'on peut donc même « programmer » le cerveau pour ces deux types de réponses et qu'il vaut mieux demander à un sujet d'imaginer qu'il est seul, plutôt qu'au milieu d'une foule, pour lui demander de donner un peu d'argent pour des œuvres charitables... Sans forcément se rendre compte du lien existant entre ces deux étapes, et même quand on contrôle plusieurs fois de suite la manipulation, on s'aperçoit alors très clairement que les personnes qui se sont imaginées en situation isolée en début d'expérience ont ensuite donné plus d'argent que celles qui se sont imaginées en plein milieu d'une foule

[Bargh, 2000 ; Ferguson, 2004]. Il faut donc nous rendre à l'évidence : nos actions ne sont pas uniquement le résultat de processus conscients de réflexion, et beaucoup d'influences subconscientes interviennent dans nos décisions. Sachant que les avis sur le sexe opposé sont fondés sur la méfiance (*cf.* toutes les raisons évoquées plus haut), nous nous engageons dans l'aventure de la vie de couple à longue durée avec un handicap qui ne peut être surmonté que par une série d'expériences positives dans la vie à deux. Si une longue vie de couple n'est pas forcément « naturelle », elle reste largement possible. La période bénie de l'amour fou est un atout, parce qu'elle fait des deux cerveaux des supporters fervents de l'autre cerveau, en éliminant la peur que l'étrangeté peut induire, c'est aussi un désavantage compte tenu du fait qu'elle installe des sentiments et des attitudes de plaisir, inégalables hors de l'influence de l'amour, ce qui laisse nos deux partenaires avec une impression terrible de tromperie et de déception quand l'état de béatitude s'achève. L'amour « passion » est programmé pour induire le sentiment d'euphorie et de confiance absolue en l'autre ; quand le déroulement du programme se termine, la suite est difficile. Connaître la raison biologique de la fin de l'aveuglement et de l'euphorie que nous avons éprouvés ne peut que nous aider à accepter l'imperfection de ce que nous vivons désormais. Cela étant, la suite de l'histoire va dépendre en grande partie de la personnalité et de l'éducation de chacun des partenaires impliqués et, surtout, de la compatibilité de ces deux paramètres qui peuvent permettre que s'amplifie une vraie complicité de points de vue une fois l'euphorie amour passée et qui ont ce pouvoir de faire pencher la balance en faveur du maintien du couple, non par devoir, mais pour le plus grand bonheur de l'un et de l'autre sexe.

CHAPITRE 7

Les déclinaisons du couple

S'il est vrai que les deux sexes se caractérisent par des stratégies comportementales différentes et apparemment contradictoires, il n'empêche que la nature humaine, hautement adaptable, est tout à fait capable – les faits le montrent – de se débrouiller pour qu'un cerveau mâle et un cerveau femelle deviennent compatibles dès lors que la durée du couple s'avère possible et souhaitable. Plusieurs options sont même disponibles pour produire cette cohabitation, sans que se dégage de solution optimale universelle. Chacun de nous arrivant à l'âge adulte avec son histoire, chaque adulte se trouve inévitablement muni d'un cerveau qui réussira mieux son adaptation dans un sens plutôt que dans un autre. Voilà qui nous amène donc à réfléchir maintenant sur la compatibilité de deux individus pour vivre ensemble, et sur la rigidité ou la plasticité des dispositions personnelles qui contribuent à cette compatibilité. Autrement dit, est-il possible d'affirmer qu'il existe des personnes qui sont faites pour s'entendre et d'autres qui n'ont guère de chances de se supporter très longtemps ? Dans les différentes options que peuvent présenter les partenaires, entrent en compte différents éléments contribuant au style d'interaction : la personnalité, qui joue un rôle important dans la dynamique du couple ; le « réglage » du système de récompense, qui rend plus ou moins sensible à l'ennui et plus ou moins avide de sensations ; le taux d'hormones sexuelles stéroïdes en circulation pendant le développement, qui détermine le degré de masculinité ou de féminité ; enfin, les conditionnements divers qui définissent les préférences, les peurs, les aversions et les autres idiosyncrasies. Si nous considérons deux cerveaux programmés selon les différentes combinaisons possibles de toutes ces influences possibles, nous disposons peut-être alors de la recette qui conduit à la formation d'un certain nombre de types de couples viables.

DEVOIR DE MÉMOIRE

On dit souvent que qui se ressemble s'assemble, y compris en amour [Vincent, 2004]. Un tel phénomène serait attribuable aux traces mnésiques de notre première grande histoire d'amour dans la vie, la plus durable : celle qui nous lie à nos parents. L'importance de l'attachement entre un bébé et ceux qui le soignent est capitale – dans l'espèce humaine, un tout-petit ne peut en aucun cas survivre sans aide de personne adulte, d'où le développement, par l'évolution, de l'amour qui unit un parent et son enfant, lequel demeure fermement ancré dans le cerveau au moins jusqu'à l'adolescence. Une mère est toujours plus ou moins prise en otage par la libération massive d'ocytocine qui accompagne l'accouchement, puis l'allaitement : son cerveau se met, pour ainsi dire, au service de son bébé par le biais de l'immense plaisir qu'elle éprouve quand elle se trouve en contact avec lui. La prise en otage du père est, elle, moins automatique, mais, compte tenu des récentes habitudes qui ont été prises concernant les soins paternels, il semble que désormais toutes les conditions soient réunies pour que les liens entre un enfant et son père opèrent de la même manière. À ce propos, signalons que le contact régulier avec un petit fait grimper de manière chronique le taux d'ocytocine libérée dans le cerveau [Carter, 2002], ce qui implique que plus un père s'occupe de son bébé, plus il y trouve du plaisir et plus le lien entre ce père et son enfant devient fort.

Parallèlement, tous les indices associés à des expériences vécues sont emmagasinés automatiquement par l'enfant dans sa mémoire, associés à un sentiment de plaisir fort, puisque le parent répond à ses besoins en nourriture, en boisson, en soins, en chaleur et en contact humain. L'odeur, la forme du visage, la couleur des cheveux, le son de la voix et, sûrement, un grand nombre d'autres éléments à peine perceptibles par le cerveau conscient et se rapportant au(x) « parent(s) soignant(s) » se trouvent ainsi catalogués comme autant de facteurs de bien-être garanti. Or comme, la plupart du temps, parents et enfants se ressemblent physiquement par les lois de l'hérédité génétique, il s'ensuit naturellement que l'enfant trouvera très attirant, plus tard dans la vie, quand il cherchera un partenaire sexuel, une personne qui lui ressemble physiquement, vu que cette personne ressemblera, en fait, aux parents qui se sont occupés de lui pendant sa petite enfance. Ce mécanisme semble rendre compte de notre attirance pour nos semblables. Précisons toutefois que ce n'est pas tant la ressemblance en elle-même qui importe dans l'entente du couple, que le sentiment de bien-être, conditionné par l'association avec les indices relatifs aux parents, le soulagement, le plaisir ou, disons même carrément, la survie du petit enfant qu'on a été : un partenaire qui ressemble au soigneur de notre enfance détient un avantage considérable qui lui confère toujours une position privilégiée dans notre cerveau. De la même manière, on gardera une place privilégiée, toujours dans notre cerveau, pour la première personne qui a produit en nous les palpitations de l'amour, pour la simple raison que cette histoire a coïncidé avec la période des fluctuations hormonales les plus fortes et, donc, des plus grandes émotions, ce qui a garanti sa mise en mémoire durablement. Le succès du site Internet « Les amis réunis » est un magnifique exemple de la force de ces souvenirs, même s'il provoque des procès en quantité, liés au retour inopiné de ces « souvenirs privilégiés ». Nombre de gens installés dans une vie paisible, avec une famille et une carrière qui roulent, ont manifestement gardé la nostalgie de leur amour de jeunesse et n'hésitent pas à tout larguer pour essayer de retrouver cet amour. Il s'agit d'ailleurs peut-être bel et bien, d'une certaine façon, de « l'amour de leur vie », du moins au niveau de leur hippocampe. Toutefois, il faut savoir que quelques rémanences de souvenirs anciens peuvent faire plaisir, mais que l'intensité de la nostalgie n'est pas du tout corrélée à la compatibilité... Les histoires, comme celle de Cindy ci-dessous, doivent servir de mise en garde : l'ennui pousse à la recherche d'émotions et, quand on ne les trouve pas dans le présent, on risque d'aller les chercher dans ses souvenirs. Tant que le passé restait le pays lointain que l'on dit, le voyage était sans risque ; aujourd'hui, on peut venir frapper à la porte de son passé, alors qu'il vaut souvent mieux rester sagement à sa place...

Si la mémoire contribue incontestablement à l'idéalisation d'un partenaire – elle peut rappeler les parents et renforcer une appréciation positive –, elle peut aussi devenir de plus en plus prégnante en cas de baisse d'excitation avec le partenaire actuel et, en rappelant l'émotion associée à un amour lointain, amener à considérer que la situation présente ne supporte pas la comparaison. Il est toujours dangereux de faire entrer en concurrence les émotions provoquées par les hormones extravagantes de la jeunesse. Pourtant, chaque expérience vécue en couple renforce les références stockées dans la mémoire, et mieux vaut donc toujours veiller à créer des associations positives à notre

Cindy's story

« J'ai rencontré Steve à l'université... Les gens disaient qu'on se ressemblait, et je le trouvais vraiment très mignon. Il étudiait le droit et, moi, la littérature anglaise. J'ai laissé tomber le petit ami avec qui j'étais à l'époque, et qui m'avait demandée en mariage, pour Steve. À partir de là, on ne s'est plus quitté. On a eu deux filles, jolies comme tout et très malignes. Je suis devenue prof d'anglais, lui avocat... La belle vie a duré ainsi pendant plusieurs années ! Jusqu'au jour où Steve a eu l'idée d'aller surfer sur un site Internet appelé « Les amis réunis ». Il devait avoir une idée derrière la tête... Il y a retrouvé son « amour de jeunesse ». Et il est parti. On ferait mieux de rebaptiser ce foutu site « Les époux désunis »...

sujet dans le cerveau de l'autre, celui avec qui on est vraiment. D'ailleurs, on le sait instinctivement quand on planifie des week-ends en amoureux dans les endroits les plus luxueux qu'on peut se permettre : dans ces moments-là, on veut tout le confort, les sensations les plus merveilleuses et le bien-être maximal, car on a compris que les souvenirs qui en résulteront seront tout à notre bénéfice. Tout couple a donc, d'une certaine façon, le devoir de se constituer une mémoire de couple, travail qui est souvent négligé pour laisser la priorité à l'éducation des enfants, la carrière ou d'autres fonctions essentielles. Pourtant, puisque le lien fonctionne par excitation émotionnelle, ce serait une erreur que d'imaginer qu'on peut « mériter » l'amour de son partenaire par les efforts que l'on fait, pour soigner les enfants, pour gagner de l'argent, pour supporter ses parents... Ce qu'il faut, c'est constamment revenir à l'essentiel et émouvoir l'autre ! Gardant toujours à l'esprit cette règle fondamentale, on peut tout de même explorer les différentes catégories de couples qui forment le paysage amoureux en ce début de siècle et voir s'il se dessine une évolution culturelle, ou bien naturelle, allant dans le sens de l'établissement d'un type de couple mieux adapté aux conditions de vie actuelles.

LE COMPROMIS DE TIRÉSIAS

Si on estime que les comportements liés aux stratégies sexuelles constituent le facteur majeur de discorde qui empêche les hommes et les femmes de vivre harmonieusement ensemble sur la longue durée, on peut imaginer que le meilleur moyen d'y remédier serait de gommer au maximum ces différences, c'est-à-dire de masculiniser les femmes et de féminiser les hommes. Et si le rapprochement sexuel est la solution de l'entente, il s'ensuit qu'en allant à l'extrême de cette logique, ce sont les couples homosexuels qui doivent être les plus heureux et les plus harmonieux, puisque le facteur majeur de désaccord, qui est lié aux stratégies sexuelles, n'existe pas entre eux. Voyons les faits.

À l'évidence, le choix du mode de vie homosexuel va croissant. En 2000, on comptait ainsi 600 000 couples homosexuels aux États-Unis [Peplau, 2007], soit environ un couple sur dix, alors que, jusqu'aux années 1990, le sujet était ni plus ni moins que tabou. Profitons-en pour rappeler que l'homosexualité est encore considérée comme un crime dans 70 des 195 pays du monde, que la pratique n'est devenue légale en Angleterre qu'en 1967 et qu'en France, si la sodomie n'est plus condamnée depuis la Révolution, l'âge de consentement légal est resté plus élevé que pour les rapports hétérosexuels jusqu'en 1982... Avec l'épidémie du sida, le monde a braqué ses yeux sur ces couples qui vivaient jusqu'alors dans l'obscurité, le non-dit, le secret. La force des médias, et des *people* qui ont épousé et défendu leur cause pour dénoncer le drame qui leur arrivait, a changé le regard porté sur eux. Aujourd'hui, le mode de vie homosexuel est considéré avec un mélange de compassion, de sympathie et, toujours, un soupçon de paillettes. Il est même en train de devenir une « option acceptable » pour nos sociétés occidentales. Est-ce parce que la « carrière professionnelle » est devenue pratiquement une obligation pour tout le monde et qu'elle peut remplacer la « carrière familiale », que la durée de la vie à deux est trop longue pour imaginer la remplir jusqu'au bout par une histoire passionnelle, que l'homosexualité est un sujet abordable en famille ? Difficile à dire, mais on n'estime plus qu'on devient homosexuel en raison de pulsions irrépressibles et honteuses, et c'est heureux. Ce qu'on met plutôt en avant, c'est l'amitié profonde qui se noue entre deux personnes de même sexe.

Certes, il reste encore du chemin à faire sur le plan de la législation pour que les familles homosexuelles soient reconnues. Ce fait constituerait, cela dit, une forme de discrimination contre les homosexuels masculins, puisque les femmes peuvent toujours trouver le moyen de faire un enfant. Néanmoins, il est probable que l'homme « post-humain », adepte des prothèses électroniques et semi-biologiques, saura assurer sa reproduction par des moyens artificiels. De toute manière, rien ne permet d'affirmer aujourd'hui que les modèles familiaux traditionnels ne seront pas devenus un luxe que personne ne pourra plus se permettre dans quelques années à peine... D'ores et déjà, le pourcentage de « familles classiques », avec un parent à temps plein à la maison, a chuté drastiquement et le pourcentage de couples mariés avec enfants est lui aussi tombé de 40 à 24 % depuis les années 1950, les autres ménages étant formés par des familles recomposées, des parents célibataires avec enfants, des couples homosexuels avec ou sans enfant, des couples mariés sans enfant... On peut tout de même se demander comment le cerveau humain réagira à tant de similitude si notre hypothèse se révélait exacte. La complicité dégénérera-t-elle en complaisance et finira-t-elle en ennui ? Faudra-t-il essayer de compenser l'absence de différence de sexe par d'autres différences, provoquées culturellement ? Récemment, on a voulu comparer les facteurs de similitude (âge, maladies, niveau d'éducation, attributs physiques) entre les partenaires de couples homosexuels non mariés, de couples hétérosexuels non mariés et de couples hétérosexuels mariés. Ce qu'on a observé à cette occasion, c'est que les hétérosexuels mariés se ressemblaient en général davantage que les hétérosexuels non mariés et que ceux qui se ressemblaient le moins étaient les couples homosexuels non mariés [Jepsen, 2002]. Il se pourrait donc bien, quand on n'est pas face à un « étranger » de sexe opposé, qu'on ait plus tendance à chercher des sujets de discussion et des éléments de surprise dans des détails physiques ou des valeurs acquises par l'éducation. Les couples hétérosexuels seraient pour cette raison plutôt dans une dynamique de ressemblance, tandis que les homosexuels tendraient vers la dissemblance. Rien n'exclut, en effet, qu'il existe un niveau optimal de différence pour notre stimulation réciproque.

QUAND UN HOMME EST UN HOMME ET UNE FEMME UNE FEMME

Passons maintenant au couple classique. Son mode de fonctionnement est tout à fait différent, on s'en doute. L'homme y présente un fort taux de testostérone, qui fait de lui un battant qui réussit dans la vie professionnelle, mais aussi un coureur qui reste difficilement fidèle. S'il avait pu suivre ses instincts, de toutes les façons, il ne se serait pas marié, et il a fallu tous les charmes d'une femme à faible taux de testostérone et très imbibée d'œstrogènes, c'est-à-dire disponible sexuellement et prête à jouer le rôle attendu d'elle, pour qu'il accepte de se faire passer la corde au cou. Au quotidien, un tel homme ne fera aucune concession et ne partagera pas les tâches liées au ménage ou aux enfants. Le risque de séparation sera élevé, non seulement parce que

Monsieur est doté d'un appétit sexuel important, mais parce que Madame est très attirante – elle a d'ailleurs été choisie sur ce critère – et qu'elle ne manquera pas d'attirer l'attention des voisins... Sans aller jusqu'à la séparation ou au divorce, les crises d'incompréhension seront aiguës, ce qui est compréhensible, puisque les caractéristiques liées au sexe et au comportement sexuel seront, chez l'un et chez l'autre, fortement exprimées.

Dans ce genre de couple, les notions de faute et de culpabilité sont toujours difficiles à appliquer, puisque c'est un mélange subtil d'hérédité et d'éducation qui produit le phénotype qui exécute les comportements encouragés par la physiologie... En tout cas, cette physiologie est, dans le cas qui nous occupe, très peu ambiguë quant aux rôles attribués à chaque sexe : les motivations et le cours de pensées de l'un risquent de paraître incompréhensibles, voire tout à fait répréhensibles aux yeux de l'autre. Ce flou ouvrira maintes occasions de mépris, d'interprétations erronées, de soupçons justifiés ou de motivations croisées – de tout ce qui peut nourrir la confrontation animée de points de vue.

Cela dit, il n'y a pas que des inconvénients à cette configuration traditionnelle. Au premier rang des avantages figure le maintien d'un niveau élevé d'éveil et d'attention, motivé par une méfiance et un étonnement constamment renouvelés. Du coup, c'est moins l'ennui qui menace que la lassitude devant la répétition de querelles sans issue. Certes, les disputes peuvent induire une dynamique excitante si elles sont suivies de réconciliations émotionnelles – le couple le plus exemplaire en la matière est sans aucun doute Elizabeth Taylor et Richard Burton – mais, pour une réussite à long terme, mieux vaut probablement miser sur le renoncement aux échanges violents et l'acceptation de la différence. Si chacun est persuadé que le rôle d'une femme n'est pas celui d'un homme, tout en étant à l'aise dans le sien, alors rien ne sert d'écouter les bonnes âmes qui tentent d'expliquer, aux femmes, qu'elles feraient mieux d'aller travailler ; aux hommes, qu'ils ne s'occupent pas assez de leurs enfants ; aux deux sexes, qu'il n'est pas normal de se disputer autant...

Le taux d'hormones et l'éducation jouent un rôle important dans l'appréhension de l'autre sexe comme une espèce à part. Et si on aboutit à ce constat, alors on reconnaît la différence, on n'essaie pas de brouiller les rôles et on accepte le comportement de l'autre comme faisant partie d'un répertoire que l'on ne possédera jamais soi-même. Je l'ai dit, une telle situation peut aboutir à une forte complicité entre deux partenaires si chacun accepte les différences de l'autre sans réticence, tout en vivant dans la plénitude son propre rôle. Le danger ne menace que si l'on perçoit l'autre plus dans un rôle utilitaire que comme partenaire. En effet, quand on ne peut pas se mettre à la place de quelqu'un, on élimine l'empathie et toute interaction est guidée par l'intérêt...

L'AUTRE SEXE EST UN PAYS ÉTRANGER

C'est la troisième option de vie à deux, on considère qu'elle constitue une sorte de compromis, mais un compromis très moderne. Dans ce genre de couple, l'un des partenaires au moins fait un pas vers l'autre, non pas par vertu, mais par opportunisme : par exemple, la femme se met à travailler pour gagner son indépendance, et l'homme se met à s'occuper des enfants pour donner un sens à sa vie [Ferry, 2007]. Il s'ensuit des modifications hormonales, et les cerveaux de l'homme et de la femme se rapprochent d'autant de synapses... Une fois encore, il fait dire qu'on constitue forcément un objet de curiosité pour l'autre, tellement nos préoccupations sont opposées. Généralement, les approches les plus simplistes pour aborder le sexe opposé sont la moquerie ou l'exploitation – « Mais qu'est-ce que je vais bien pouvoir tirer de cet(te) imbécile ? ». Il n'y a pas à se fâcher tout rouge, car ce genre de comportement est naturel, et implique naturellement une vision à court terme. Les plus curieux d'entre nous tentent des excursions de reconnaissance et finissent par accoster et tester le terrain : ils y trouvent parfois des niches confortables ou des reliefs qui offrent un point de vue inattendu ; d'autres s'y perdent ; d'autres encore découvrent des endroits interdits qu'on n'a pas le droit de voir, mais pour lesquels le voyage aura été enrichissant... Revenons plus précisément à notre troisième option. Je l'ai dit, c'est la plus moderne : il est indéniable que les jeunes générations se caractérisent par le gommage de la ligne établie entre le rôle de l'homme et le rôle de la femme. Cette option est séduisante par son côté égalitaire : chacun y fait ce qui lui plaît, et on a, grâce à elle, l'impression de flouer l'évolution et ses diktats déterministes. En outre, cette solution permet de coller à l'idéal de l'« amour toujours », tout en affichant une certaine tiédeur passionnelle, laquelle permet d'entretenir l'illusion d'une entente parfaite nourrie de bons sentiments...

L'amour est passé à l'ère du principe de précaution, de la parité, de la méritocratie, de la stérilité hygiénique, de la transparence, de l'assurance-vie. Au risque de condamner les quelques années de bonheur fou qu'on pouvait vivre dans l'ignorance de la vraie nature de l'autre, on brandit désormais le fait certifié de la différence des sexes pour faire voir les inégalités, les torts, les exploitations, les faiblesses ; par-dessus le marché, on tient même à les rectifier. À ce jeu-là, il ne faudrait pourtant pas oublier l'essentiel : si l'amour existe, c'est parce que les deux sexes sont tellement étrangers l'un pour l'autre que leurs cerveaux ont besoin d'une période d'aveuglement pour se rapprocher l'un de l'autre. Si on arrive dans les années qui viennent à calquer le fonctionnement des deux cerveaux au point qu'ils ne sont plus aussi déroutants l'un pour l'autre, alors le besoin d'amour n'existera plus : on pourra vivre harmonieusement côte à côte et partager amicalement devoirs et récompenses. En l'absence d'une pression forte pour maintenir en place cette excitante folie qu'est l'état amoureux, la nature – qui est, par définition, économe – laissera partir l'amour, lequel ira sur le même chemin que la féminité et la masculinité – soit aux oubliettes. Débarrassons-nous aussi de la dernière illusion qui pourrait rester : il ne s'agit en aucun cas d'un choix collectif ou individuel, l'évolution est en cours, et les tendances apparaissent déjà nettement. Les dés sont donc lancés qui prédisent la fin du spectacle de l'« amour » et en annoncent le ballet final sous forme de pétard mouillé...

CE FUT UN VRAI PLAISIR...

Revoyons les grandes lignes que nous avons dessinées jusqu'ici : si les femmes avaient été heureuses de produire un enfant par an jusqu'à la ménopause, elles n'auraient pas sauté sur la pilule pour changer de destin ; si elles avaient trouvé que le travail et les récompenses étaient partagés équitablement entre elles et les hommes, elles n'auraient pas cherché à suivre ces derniers dans les bureaux ou les usines ; si, etc., etc. Aucun facteur isolé ne peut produire une modification très importante de comportement. En l'occurrence, il a fallu la concordance d'un grand nombre d'éléments dans cette affaire et le premier, le plus important, a sans doute été l'insatisfaction du *statu quo* qui prévalait auparavant, en raison de l'écart entre la situation imposée à l'espèce humaine par la biologie et les aspirations des différents acteurs impliqués dans l'histoire. La contraception, même imparfaite, a fourni le moyen de transformer la donne en modifiant le destin féminin. Cette « révolution biologique » a entraîné l'émergence d'un nouveau type de choix, bien plus important encore que le simple choix enfant/pas d'enfant – lequel existait déjà *via* le célibat : désormais, il est devenu possible de ne pas faire d'enfant, mais tout en vivant en compagnie d'un homme... Dans un premier temps, cette nouvelle liberté a paru scandaleuse, car les hommes devaient toujours assurer leur rôle de soutien matériel, sans être, en contrepartie, assurés de la moindre descendance ; ils pouvaient donc considérer, non sans raison, que les femmes bénéficiaient de plus de temps libre et de l'argent de ce temps libéré... Puis la société s'est adaptée et, en l'espace de quelques générations, les femmes ont envahi le monde du travail ; ce faisant, et même si elles ont eu du mal à s'imposer à des postes hiérarchiques très élevés (voir chapitre 2), elles ont pu donner à leurs enfants l'exemple d'une « femme professionnelle » qui, à la maison, exige de l'autre parent une participation grandissante aux tâches ménagères. Toutes ces modifications de comportement ont influé, et elles influent encore, sur les aspirations des filles et les attentes des fils, et c'est ainsi que, de génération en génération, le nouveau rôle de la femme s'est trouvé renforcé.

Évidemment, ces changements sociaux ne sont pas restés sans effet sur la biologie. À la base, le lien entre la mère et l'enfant, garde-fou, fiable et essentiel, est inscrit génétiquement, alors que le mécanisme d'attachement entre le père et l'enfant est en place, prêt à être exploité à la demande. Les jeunes filles aujourd'hui sont pubères de plus en plus tôt, effet que l'on attribue à la présence grandissante des hommes à la maison qui contrebalance la présence un peu plus discrète des femmes. Il faut savoir, en effet, que la période qui entoure la naissance est une période très importante pour le développement des circuits neuronaux qui règlent des fonctions essentielles, liées à l'environnement, comme l'agressivité, la réponse au stress, les relations sociales, le comportement parental, etc. Or, c'est un fait attesté, la libération des hormones stéroïdes et des neuropeptides, comme l'ocytocine et la vasopressine, lesquels jouent un rôle moteur dans la mise en place de ces circuits, est sensible à l'équilibre instauré entre présence paternelle et présence maternelle, leur libération dépendant en partie de l'ambiance phéromonale. Sans parler du fait que les conditions d'éducation des enfants ont un impact sur leur comportement ultérieur, mais aussi sur la libération des stéroïdes sexuels et la taille de certaines structures dans le cerveau [Cushing, 2005 ; Kramer, 2006] – pour reprendre notre exemple préféré, le type et la quantité de récepteurs œstrogéniques dans l'amygdale diffèrent selon l'espèce de campagnol étudié, et ces différences peuvent être mises en rapport avec le comportement monogame ou polygame. Et c'est ainsi que des changements de structure sociale, changements qui se produisent de génération en génération, ont pu avoir une action sur l'établissement des liens unissant les deux partenaires sexuels à leurs enfants.

LE SEXE DES ANGES EST EN PLASTIQUE

Le travail des femmes à l'extérieur de la maison a produit un autre effet inattendu sur l'environnement, en modifiant en profondeur nos habitudes de consommation. Désormais, il existe tout un marché pour des produits qui peuvent faire gagner du temps aux femmes, prises entre leurs obligations professionnelles et les tâches domestiques qu'il leur faut toujours en grande partie accomplir. Or beaucoup de ces produits multiplient les emballages ou les contenants en plastique : repas précuisinés, portions individuelles pour tenter les enfants, produits de ménage en sachets... De surcroît, la mode de la propreté et de la protection maximale veut aussi que l'on multiplie les emballages sur tout, et c'est ainsi que le poids de déchets que nous produisons en France par an s'est élevé à 360 kg par personne !

Or la production en masse de plastique, comme le transport, puis la consommation de nourriture et de boissons directement dans cette matière plutôt que dans le verre, la faïence ou la porcelaine, met nos corps en contact avec des molécules qui sont connues pour être des activateurs de récepteurs stéroïdes, plus particulièrement ceux des œstrogènes [Welshons, 2006 ; Tsutsumi, 2005]. Il en résulte une modification subtile, tout en douceur, de la physiologie humaine avec des conséquences qui pourraient se révéler importantes, notamment pour la sexualité masculine. En effet, de même que certains oiseaux mâles sont monogames ou polygames selon leur taux de testostérone, le comportement « parental » d'un homme est, lui aussi, modulable selon cette variation hormonale, et il est probable que les conditions environnementales actuelles contribuent à une telle évolution. Agissant sur nos récepteurs à œstrogènes, l'effet œstrogénique des extraits plastiques vient ainsi renforcer les conséquences induites par la baisse du taux de testostérone : la démasculinisation (baisse de testostérone) du mâle du XXIe siècle se trouve, de cette manière, complétée par sa féminisation (action sur les récepteurs œstrogéniques).

SPERMATOZOÏDES À JUPONS

Le signal d'alarme est donné : les œstrogènes sont partout dans notre environnement moderne. Sous leur influence, les hommes produisent moitié moins de spermatozoïdes aujourd'hui qu'il y a trente ans et la fertilité masculine est en chute libre [Fraser, 2006 ; Roy, 2005]. Toutes ces molécules qui imitent les œstrogènes et qui sont libérées par les emballages, les tasses en plastique, mais aussi certains produits dentaires, s'ajoutent aux contraceptifs oraux qui sont rejetés dans l'urine des femmes, et tout cela se retrouve en quantité dans l'eau du robinet que nous buvons. Or ces substances n'agissent pas uniquement sur les récepteurs présents dans le corps de l'homme (et de la femme évidemment, même si les effets sont moindres vu qu'elle est déjà naturellement imbibée d'œstrogènes), mais aussi sur ceux de son cerveau [McEwen, 1987].

Le plastique, c'est fantastique !

Les œstrogènes facilitent la liaison entre l'ocytocine et son récepteur [Verbalis, 1999]. Or l'ocytocine joue un rôle dans la confiance que nous accordons aux gens qui nous abordent [Kosfeld, 2005]. Ces éléments ont conduit des chercheurs inquiets des effets de la pollution œstrogénique ambiante sur notre comportement à mener une expérience insolite. Ils ont mis au point une échelle permettant de mesurer la confiance générale montrée par des habitants de différents pays, puis ont cherché à déterminer une corrélation entre ce niveau de confiance et le niveau de pollution œstrogénique [Zak, 2006]. Ils se sont ainsi aperçus que plus un homme vit entouré de plastique et plus il se montre confiant – ou disons, moins méfiant – envers l'autre. C'est dire si l'effet œstrogénique du plastique va loin !

Dès la vie *in utero*, le fœtus, mâle ou femelle, est exposé à des molécules ayant une action sur ses récepteurs œstrogéniques, et les résultats sont déjà visibles aujourd'hui : les hommes subissent une légère féminisation qui modifie leur fertilité mais aussi leur comportement. La provocation consisterait à dire que les femmes, en s'appropriant le monde masculin du travail, ont réussi par des moyens inattendus à féminiser le comportement des hommes. Faut-il en conclure que nous allons vers une forme unisexe de l'être humain ?

LE CHOIX DE LA REINE

En plus de la baisse de testostérone subie par les hommes et de l'action du plastique sur leurs récepteurs pour les féminiser, il existe deux autres influences qui vont dans le même sens, c'est-à-dire celui d'une démasculinisation/féminisation. N'oublions pas l'influence importante de la sélection sexuelle sur l'évolution de nos comportements. Les femmes qui travaillent restent plus longtemps avec un homme qui se montre coopératif dans l'organisation de la vie familiale, et plus une femme reste longtemps avec un homme, plus la probabilité est grande qu'elle fasse un enfant avec lui... Or, nous l'avons vu au chapitre 3, un homme qui sait se montrer utile auprès des enfants est un homme qui affiche un taux de testostérone plus faible que la moyenne. Ce taux de testostérone étant déterminé en partie par les gènes, en partie par la vie *in utero* et en partie par l'éducation, il est logique que celui qui en est doté façonne des fils à son image, soit en leur transmettant ses gènes, soit en reproduisant pour eux les conditions de vie dont il a bénéficié dans sa jeunesse. À l'arrivée, les compétences parentales masculines devraient donc devenir le facteur de séduction numéro un dans les générations à venir, et le choix des femmes pour des hommes plus féminins continuer de se renforcer.

LA VIE EST LONGUE...

Le second facteur agissant sur le processus de démasculinisation/féminisation des hommes a trait à la longévité. Pendant de longs siècles, la reproduction de l'espèce humaine s'est faite majoritairement pendant les années de fécondité optimale – soit au sortir de l'adolescence. Comme l'âge des premières règles arrivait en moyenne vers 15 ans il y a encore cent ans (contre 12,6 ans aujourd'hui), il y avait donc adéquation entre l'âge physiologique de la reproduction et l'âge socialement admis pour remplir cette fonction. Aujourd'hui, la tendance s'est inversée et, alors qu'en 1945 encore, 65 % des Françaises étaient mères avant 25 ans, elles ne sont plus actuellement que 35 % [Prioux, 1994]. Est ainsi apparu un décalage important entre l'âge de reproduction réel et l'âge de reproduction physiologique, ce qui entraîne un écart considérable entre le moment où on décide qu'il est opportun de faire un enfant et le moment où les moyens mis à notre disposition pour y arriver sont les plus performants. Le temps des amours n'arrive plus au bon moment ! Et ce décalage ne va pas aider au maintien de l'amour-passion, longtemps vedette des relations entre les sexes, du moins à l'époque de l'exploitation maximale de la fertilité adolescente, quand les phéromones embuaient les regards et les hormones saturaient les gonades à la période propice pour se reproduire. Désormais, grâce aux moyens de contraception, les grands adolescents font de moins en moins d'enfants ; ils attendent une promotion au bureau, le partenaire idéal, la maison de leurs rêves ou l'approbation parentale avant de se lancer dans l'aventure. Dans l'intervalle, la période optimale pour la reproduction passe, les taux d'hormones baissent, et nos trentenaires, hommes et femmes confondus, ne lâchant rien de leurs exigences, témoignent d'une tiédeur qui n'est guère faite, non plus, pour encourager les feux de l'amour, le désir effréné et les ébats physiques...

Or l'horloge hormonale tourne pour tout le monde. La puberté et la ménopause, souvent considérées comme les étapes majeures dans la reproduction, ne sont que deux points sur le cadran où figurent toutes les étapes de la vie masculine et féminine. À partir de 25 ans environ, les libérations hormonales se font plus chiches, les ovulations plus sporadiques et la testostérone moins « toxique » pour l'entourage – la fougue se dissipe et les priorités se modifient doucement en faveur du confort et d'une existence paisible. Pour toutes ces raisons, l'« amour tiède » a donc toutes les chances de dominer les décennies à venir. On usera sans doute l'ocytocine et les hormones stéroïdes sur les bancs d'école qui deviendront torrides, mais on entamera sa vie reproductive beaucoup plus tard, avec le soutien de plus en plus massif de procédures médicalisées. Cette tendance privilégiera encore l'homme « féminin », puisqu'en avançant en âge, tous les hommes ont tendance à se féminiser par la baisse naturelle de leur taux de testostérone. Ils seront ainsi de plus en plus nombreux dans la fenêtre de temps où les femmes cherchent un partenaire, et les enfants seront élevés selon le mode « campagnol des plaines », avec une présence paternelle forte.

Tous les faits semblent donc concordants et suggérer le renforcement d'une même tendance lourde : les hommes vont continuer de s'« œstrogéniser » et de se « détestostéroniser », tandis que les femmes vont poursuivre leur évolution en sens inverse. S'il en est bien ainsi, nous allons donc vers un avenir unisexe et le risque, dans tel monde, est inévitablement que l'amour s'estompe. Le processus paraît même déjà amorcé. Qu'on songe aux congés paternels, inscrits dans la loi, à la garde partagée des enfants en cas de divorce ou encore au partage des allocations familiales entre le père et la mère alors que leur attribution était surtout maternelle jusqu'à présent. Dans le couple unisexe du futur, tout sera raisonnable et partagé, et il n'y aura pas d'exploitation. (Je rappelle tout de même que ce couple unisexe n'est qu'une option parmi les différentes catégories de couples qui continueront de vivre leur vie et viendront sans doute troubler l'équilibre de ce couple si « raisonnable ».) Est-ce à dire qu'il n'y aura plus d'obstacle fondamental au bonheur ? Difficile d'être catégorique en la matière, car le bonheur est une notion relative et, entre un léger sentiment de bien-être et le souffle sublime de l'euphorie, il y a un abîme qu'il est difficile de segmenter en unités de mesure : la comparaison entre un couple fougueux et un couple respectant l'entente cordiale n'est guère réalisable. En revanche, il est certain que les disputes au sein du couple raisonnable ne seront plus de nature passionnelle, mais ancrées dans le détail pratique. L'homme ne dira plus à sa femme :

« De toute façon, les nanas sont toutes des menteuses… », accusation totalement infondée (non ?), dont le caractère général, en éclipsant le problème particulier, ne peut que donner lieu à des dialogues de théâtre stéréotypés ; il dira plutôt : « De toute façon, tu es toujours en retard… » Cette attaque personnelle et ciblée donnera lieu à un règlement de comptes en bonne et due forme, mais, au moins, on saura de quoi on parle ! Au lieu de permettre simplement l'évacuation d'un trop-plein de tension avec, au mieux, pour seul résultat une réconciliation d'ordre passionnel, les affrontements de demain déboucheront très probablement sur des questionnements, des doutes, des séances chez le psychothérapeute de couple et, en fin de parcours, la conclusion d'un accord à l'amiable définissant les conditions de la garde partagée du petit… Quel ennui ! ne manqueront sans doute pas de s'écrier certains amoureux d'aujourd'hui à la perspective d'une vie de couple à ce point dénuée de flammes. Certes… C'est d'ailleurs le risque qui guette l'avenir de notre couple du futur, consensuel et serein. Gardons espoir, toutefois, car, au jour d'aujourd'hui, rien ne permet encore d'exclure que la similitude « sexuelle » ne soit compensée à l'avenir par d'autres types de différences, *via*, par exemple, la généralisation de l'intermariage entre nationalités distinctes, mondialisation oblige…

CONCLUSION

Où est passé l'amour ?

Comme toutes les interactions sociales, l'amour est une façon de manipuler l'autre pour s'assurer au mieux ses propres besoins. La manipulation amoureuse a pourtant ceci de remarquable qu'elle est réciproque et particulièrement réussie en tant que stratégie, puisque non seulement on se laisse manipuler avec délectation, mais on en retire un sentiment de grand plaisir... Plus que les contraintes de la biologie reproductive, ce qui nous intéresse prioritairement dans l'amour, ce sont les sentiments que le processus nous fait expérimenter : l'agonie liée à la perte de l'autre, la quête éperdue pour le retrouver ou la sublime quiétude que l'on expérimente dans les bras aimés nous donnent les émotions les plus fortes de notre existence. Or, et la question ne peut que se poser, si nos habitudes sociales changent de manière à modifier nos interactions avec l'autre sexe, nul doute que le cours de l'amour aussi s'adaptera : que deviendront alors nos sensations d'amoureux(se) ?

Clairement, le besoin de l'autre aiguise les mécanismes de dépendance et de fidélisation, de telle sorte que l'angoisse de l'absence et l'envie de rapprochement en sont exacerbées. Il arrive même qu'on assiste à des manifestations extrêmes qui sont le reflet de ces émotions extrêmes : que serait, par exemple, l'opéra sans le sacrifice et le désespoir induits par l'histoire d'amour des protagonistes ? Ce besoin, parfois absolu, de l'autre vient de la complémentarité des deux sexes, très différents à l'état naturel et, en même temps, très dépendants l'un de l'autre. Ce sont justement ces mêmes critères qui ont fourni le moteur à l'évolution pour la mise en place du comportement amoureux afin de rapprocher ces deux êtres, très spécialisés dans leurs fonctions sexuelles et très dépendants l'un de l'autre. Le bonus, pendant les années les plus récentes de l'espèce humaine, a été une production intensive d'œuvres littéraires, musicales ou cinématographiques exaltant le sentiment amoureux pour notre plus grand plaisir. Depuis quelques décennies, toutefois, et sans qu'il y ait le moins du monde à le déplorer, la condition des femmes a changé et celle du sentiment amoureux également, du même coup. En limitant le nombre d'enfants qu'elles produisent au cours de la vie, les femmes ont, en effet, modifié la répartition de leur temps et sont devenues beaucoup plus autonomes. Avec un peu d'aide de la part du voisinage (j'inclus ici la sage-femme, la pédiatre, la gynécologue, la boulangère, la pharmacienne et l'épicière), certaines peuvent même aujourd'hui se débrouiller sans homme. Naturellement, cette émancipation, en s'amplifiant et se généralisant, ne pourra qu'entraîner au fil des ans le relâchement progressif des liens unissant les deux sexes : quand la pression de la sélection naturelle se relâchera tout à fait, ce qui est en train de se produire, car la monoparentalité ne met pas en danger la vie de l'enfant, il n'y aura plus de raison pour que le comportement de lien soit maintenu, et il disparaîtra, donc, je l'ai dit, du répertoire humain.

Tentons de nous projeter un peu dans l'avenir à partir de ces éléments. Très probablement, nous allons traverser une période de grande nostalgie pour l'amour fort qu'une femme et un homme pouvaient naguère se porter ; les plus jeunes, de leur côté, s'étonneront peut-être de ne pas connaître les sensations dont ils peuvent lire la description dans de vieux livres. La culture humaine devrait en être modifiée en profondeur, car, au bout d'un certain temps, quel intérêt auront les nouvelles générations à regarder des films, des pièces de théâtre ou à lire des romans qui parlent d'un phénomène pour lequel ils n'ont aucune empathie ? On renoncera ainsi à l'une des sources majeures de l'art pour entrer dans une nouvelle ère magnifiant probablement d'autres liens, sans doute, au premier chef, les liens qui unissent parents et enfants. Deux raisons semblent, en effet, dicter une telle évolution : d'une part, le fait que ce sera désormais la relation, biologiquement, susceptible de produire les sensations les plus fortes dans le cerveau ; d'autre part, la valeur de ce lien en raison de sa rareté ou de sa difficulté à l'obtenir. L'âge de plus en plus avancé de ces parents potentiels – lesquels tiendront à prendre leur temps pour pouvoir s'assurer de bonnes conditions matérielles – fera de la grossesse un état difficile à enclencher. Longtemps attendu, le bébé qui naîtra bénéficiera, de la part de ses géniteurs, d'un attachement ne souffrant aucune comparaison. Plus largement, ce lien affectif sera même le seul de cette intensité que les parents et les enfants connaîtront de leur vie. Puis les petits deviendront grands, mais ils resteront aussi de plus en plus longtemps chez leurs parents, en rêvant, à leur tour, de pouvoir mettre au monde l'amour de leur vie. Précisons encore que cet amour pour l'enfant risque fort de se montrer possessif et jaloux. Il n'est donc pas sûr qu'il y ait toujours de la place pour deux parents. Cela dit, le processus de reproduction se faisant sans doute par des techniques scientifiques de plus en plus médicalisées et légalisées, il est possible qu'on puisse devenir parent, seul, mais avec l'aide et l'approbation de la société, ce qui aura d'ailleurs comme effet de sacraliser encore davantage l'enfant et le lien à l'enfant.

Mais les hommes, me direz-vous, comment feront-ils ? La possibilité pour un homme de devenir monoparent est un sujet délicat, car, dans tous les scénarios envisageables, les femmes garderont l'« atout utérus » qui les privilégie dans l'accès à la monoparentalité. On peut sans aucun doute prévoir, à l'avenir, une abondance de procès et de déchirements autour d'enfants nés à partir d'embryons, de cellules souches ou de spermatozoïdes utilisés sauvagement – « Figurez-vous, monsieur le juge, que cette dame m'a drogué, puis violé pour me voler mon sperme ! » À l'inverse, le métier de « mère porteuse » risque de devenir un métier très répandu pour, justement, permettre de répondre aux besoins reproducteurs qu'éprouveront les hommes en quête de l'amour, et les comités d'éthique auront alors à se pencher sur la question de la primauté de l'utérus ou de l'embryon dans les droits parentaux. En revanche, et c'est une vraie bonne nouvelle, la boucle sera bouclée dans le monde professionnel : le comportement plus féminin des hommes, attribuable à un taux de testostérone plus faible, leur enlèvera l'envie de se mesurer constamment aux mâles du groupe et la compétition masculine quittera les bureaux, laissant, enfin, aux femmes la latitude de trouver leur place sur la seule base de leurs compétences.

Ensuite, il faut savoir si la différence entre les sexes sera encore suffisamment forte pour nous permettre d'entretenir le niveau élevé de stimulation dans nos circuits d'éveil, qui est essentiel à notre fonctionnement dynamique. Si on imagine un monde tellement unisexe que la vie de bureau se passe sur un mode égalitaire et méritocratique, alors, à ce stade, il est probable que l'on ne trouve plus assez d'excitation dans la proximité de l'autre sexe, et que l'on deviendra avide en stimulations d'autres sortes (les mathématiques pourront y gagner, mais les dealers de drogue aussi), soit on évoluera vers un cerveau qui ne cherche pas la stimulation et se contente d'une vie pépère sans craindre l'ennui. Ceux relevant de cette dernière catégorie ne s'occuperont sans doute plus d'exploration spatiale, de grands travaux ou de recherche scientifique, mais rien n'exclut que ces deux populations, ceux qui trouvent des sensations ailleurs et ceux qui se contentent d'une vie tranquille puissent cohabiter, avec, peut-être, une troisième, constituée de « ringards » qui se marieront et feront au moins quatre enfants pour entretenir, sans le savoir, un réservoir de poètes pour sauver notre espèce de l'unisexe et de l'uniformité.

Quoi qu'il en soit des différentes tournures que pourrait prendre l'espèce humaine dans les années à venir, une chose est bel et bien claire et définitive : l'amour est passé, passe et passera toujours par le cerveau. Il ressort de toutes les études sur le sujet que les rapports entre le masculin et le féminin sont certainement inscrits dans nos gènes, par le biais du récepteur à l'ocytocine, mais, comme pour les autres comportements humains, nous naissons avec un potentiel d'avenir amoureux plutôt qu'un destin « clef en mains ». Ce n'est pas le cas de beaucoup d'espèces : le plus souvent, les comportements sont inscrits de manière immuable dans le patrimoine génétique et requièrent une mutation pour se modifier. Notre avantage, en tant qu'espèce, vient de l'interaction permanente entre le cerveau et ce qui l'entoure par le biais du corps. C'est cela qui nous permet d'agir en fonction de notre environnement – et, dans le terme « environnement », il n'y a pas que la température, le terrain, l'abri, les aliments ou les prédateurs, il y a aussi les autres, nos congénères.

Ces autres constituent probablement la richesse la plus importante autour de nous, et notre cerveau s'est construit de manière à les exploiter au mieux. Dès le début de notre développement, nous sommes à l'affût d'informations concernant les objectifs et les besoins de l'autre pour mieux insérer nos propres besoins dans leur plan de vie. Ces calculs sont subconscients et passent, dans leur très grande majorité, par la modification de récepteurs et de neurotransmetteurs dans certaines zones du cerveau, sans que la volonté, telle qu'elle peut s'exprimer en pensée ou en parole, intervienne. Concernant, maintenant, les interactions avec le partenaire sexuel, le lien affectif qui se crée pour lui dans le cerveau passe en grande partie par le contact : on fait l'amour, mais aussi on se touche, on s'embrasse, on se caresse, et on se tient proche physiquement. Nous l'avons vu, les fonctions corporelles vont avec le fonctionnement cérébral – tout ce petit monde dépend l'un de l'autre, il n'y a pas de maître et d'esclave, mais une coordination fine qui intègre l'environnement, le corps et le cerveau dans un ensemble. De la même manière, et nous l'avons vu aussi, les effets immédiats d'un comportement dans un domaine particulier qui se modifie peuvent avoir des répercussions intensives sur bien d'autres domaines de la vie sociale. La conclusion qui s'impose est donc celle-ci : n'engagez pas votre corps n'importe comment, car, quand on engage son corps, on engage aussi son cerveau et l'ensemble de sa manière d'être en société. Eh oui, on pense aussi avec son corps, comme on aime aussi avec son cerveau !

Remerciements

Le travail éditorial, je me dis souvent, doit être bien ingrat. Travaillant avec des auteurs qui sont souvent des amateurs, les éditeurs doivent transformer des manuscrits en livres, souvent sous l'œil méfiant de leur « client » pour ensuite être oubliés, surtout en cas de réussite. Je me rends bien compte de mon bonheur de pouvoir travailler avec Marie-Lorraine Colas, hautement qualifiée en écriture, et, par la force de son métier, en sciences, qui transforme mes textes de franglais en français tout en en contrôlant le contenu. Merci mille fois Marie, pour le travail sur les deux livres précédents qui a largement contribué à leur succès, et pour ton investissement dans ce nouvel essai par ton intérêt, tes questions, tes doutes, les discussions qu'on a eues ensemble et, bien sûr, comme toujours, ton travail bienveillant sur le texte.

Je remercie aussi très fort Gabrielle Gelber, non seulement pour tout ce qu'elle a fait pour faire connaître mes livres à la presse et aux libraires, mais aussi pour son soutien très amical et ses encouragements bien appuyés et bien nécessaires.

De manière générale, je voudrais dire à l'ensemble de l'équipe chez Odile Jacob combien il m'est agréable de me trouver parmi elle.

Je n'oublie pas, bien sûr, Odile Jacob qui aura toujours ma reconnaissance pour l'accueil, sans faille, qu'elle a réservé chaque fois à mes idées de livre.

Je saisis cette opportunité pour remercier également tous ceux qui se sont intéressés à ce travail, qui sont venus m'écouter dans des conférences et des émissions et qui ont même quelquefois acheté et lu mes livres.

Beaucoup de journalistes aussi m'ont interrogée longuement sur les thèses présentées dans les livres précédents, et je considère que ces discussions contribuent significativement au développement des idées que je poursuis autour de l'amour ; je leur suis, par conséquent, reconnaissante.

En réalité je ne suis pas une aigrie divorcée trois fois, comme il est stipulé dans le texte ; j'ai la chance d'être mariée depuis de nombreuses années à un homme d'exception, incroyablement riche en idées et en hypothèses sur le fonctionnement du cerveau, mais aussi très bon partenaire en disputes de couple, ce qui a l'avantage de permettre de tester certaines de ces hypothèses ! Le mot « remerciement » est bien faible pour exprimer ma gratitude. « Tu as fini de m'élever », comme aurait dit ton grand-père.

Enfin, je voudrais dire à mes enfants, qui trouvent que je ne suis pas assez disponible pour eux de toutes les façons, et encore moins à cause des livres, que je les aime. Tellement.

Bibliographie

AMARAL D. G., « The amygdala, social behavior, and danger detection », *Ann. NY Acad. Sci.*, 2003, 1000, p. 337-347.

ARCHER J., « Testosterone and human aggression : an evaluation of the challenge hypothesis », *Neurosci. Biobehav. Rev.*, 2006, 30(3), p. 319-345.

ASARIAN L., GEARY N., « Modulation of appetite by gonadal steroid hormones », *Philos. Trans. R. Soc. Lond. B. Biol. Sci.*, 2006, 361(1471), p. 1251-1263.

BARGH J. A., FERGUSON M. J., « Beyond behaviorism : on the automaticity of higher mental processes », *Psychol. Bull.*, 2000, 126(6), p. 925-945.

BATES S. H., MYERS M. G., « The role of leptin, STAT3 signaling in neuroendocrine function : an integrative perspective », *J. Mol. Med.*, 2004, 82(1), p. 12-20.

BRUCKERT L. *et al.*, « Women use voice parameters to assess men's characteristics », *Proc. Biol. Sci.*, 2006, 273(1582), p. 83-89.

BRUNELLO N. *et al.*, « Dysthymia : clinical picture, extent of overlap with chronic fatigue syndrome, neuropharmacological considerations, and new therapeutic vistas », *J. Affect Disord.*, 1999, 52(1-3), p. 275-290.

BURDAKOV D., ASHCROFT F. M., « Cholecystokinin tunes firing of an electrically distinct subset of arcuate nucleus neurons by activating A-Type potassium channels », *J. Neurosci.,* 2002, 22(15), p. 6380-6387.

BUSS D. M., « Conflict in married couples : personality predictors of anger and upset », *J. Pers.,* 1991, 59(4), p. 663-688.

BUSS D. M., SHACKELFORD T. K., « Human aggression in evolutionary psychological perspective », *Clin. Psychol. Rev.,* 1997, 17(6), p. 605-619.

CARTER C. S., KEVERNE E. B., « The neurobiology of social affiliation and pair bonding », *in* D. Pfaff (éd.), *Hormones, Brain and Behavior,* Academic Press, 2002, p. 299-337.

CHAUDHRI O., SMALL C., BLOOM S., « Gastrointestinal hormones regulating appetite », *Philos. Trans. R. Soc. Lond. B. Biol. Sci.,* 2006, 361(1471), p. 1187-1209.

CHEN T. J. *et al.*, « Are dopaminergic genes involved in a predisposition to pathological aggression ? Hypothesizing the importance of "super normal controls" in psychiatricgenetic research of complex behavioral disorders », *Med. Hypotheses,* 2005, 65(4), p. 703-707.

COHEN D. *et al.*, « Insult, aggression, and the southern culture of honor : an "experimental ethnography" », *J. Pers. Soc. Psychol.,* 1996, 70(5), p. 945-959.

COLLINS S. A., « Men's voices and women's choices », *Anim. Behav.,* 2000, 60(6), p. 773-780.

CSATHO A. *et al.*, « Sex role identity related to the ratio of second to fourth digit length in women », *Biol. Psychol.,* 2003, 62(2), p. 147-156.

CURTIS A. L., BETHEA T., VALENTINO R. J., « Sexually dimorphic responses of the brain norepinephrine system to stress and corticotropin-releasing factor », *Neuropsychopharmacology,* 2006, 31(3), p. 544-554.

CUSHING B. S., KRAMER K. M., « Mechanisms underlying epigenetic effects of early social experience : the role of neuropeptides and steroids », *Neurosci. Biobehav. Rev.,* 2005, 29(7), p. 1089-1105.

DEADY D. K. *et al.*, « Maternal personality and reproductive ambition in women is associated with salivary testosterone levels », *Biol. Psychol.,* 2006, 71(1), p. 29-32.

DEBIEC J., « Peptides of love and fear : vasopressin and oxytocin modulate the integration of information in the amygdala », *Bioessays,* 2005, 27(9), p. 869-873.

DEFFAND M. DU, *Correspondance complète de la marquise du Deffand avec ses amis le président Heault, Montesquieu, d'Alembert, Voltaire, Horace Walpole.* Lausanne, Slatkine, 1971.

DEGOUTTE F. *et al.*, « Food restriction, performance, biochemical, psychological, and endocrine changes in judo athletes », *Int. J. Sports Med.*, 2006, 27(1), p. 9-18.

DIENES K. A. *et al.*, « The stress sensitization hypothesis : understanding the course of bipolar disorder », *J. Affect Disord.*, 2006, 95(1-3), p. 43-49.

ELLIS J. A. *et al.*, « Androgenic correlates of genetic variation in the gene encoding 5alpha-reductase type 1 », *J. Hum. Genet.*, 2005, 50(10), p. 534-537.

ELLIS L., « Gender differences in smiling : an evolutionary neuroandrogenic theory », *Physiol. Behav.*, 2006, 88(4-5), p. 303-308.

EVELETH P. B., « Differences between ethnic groups in sex dimorphism of adult height », *Ann. Hum. Biol.*, 1975, 2(1), p. 35-39.

FEINBERG D. R. *et al.*, « Menstrual cycle, trait estrogen level, and masculinity preferences in the human voice », *Horm Behav.*, 2006, 49(2), p. 215-222.

FERGUSON M. J., BARGH J. A., « How social perception can automatically influence behavior », *Trends Cogn. Sci.*, 2004, 8(1), p. 33-39.

FERRY L., *Familles, je vous aime*, Paris, XO, 2007.

FRASER L. R., ADEOYA-OSIGUWA S. A., « The potential impact of novel investigational compounds on human fertility », *Expert Opin. Investig Drugs*, 2006, 15(10), p. 1179-1189.

GRANT V. J., FRANCE J. T., « Dominance and testosterone in women », *Biol. Psychol.*, 2001, 58(1), p. 41-47.

HAMPSON J. G., MONEY J., HAMPSON J. L., « Hermaphrodism : recommendations concerning case management », *J. Clin. Endocrinol. Metab.*, 1956, 16(4), p. 547-556.

HARRIES M. L. *et al.*, « Changes in the male voice at puberty », *Arch. Dis. Child*, 1997, 77(5), p. 445-447.

HASELTON, M. G., GANGESTAD S. W., « Conditional expression of women's desires and men's mate guarding across the ovulatory cycle », *Horm Behav.*, 2006, 49(4), p. 509-518.

HASLER G. *et al.*, « Toward constructing an endophenotype strategy for bipolar disorders », *Biol. Psychiatry*, 2006, 60(2), p. 93-105.

HENRY C. *et al.*, « Emotional hyper-reactivity as a fundamental mood characteristic of manic and mixed states », *Eur. Psychiatry*, 2003, 18(3), p. 124-128.

HENRY C. *et al.*, « Multiplicity of syndromes associating manic and depressive symptoms : the need for a dimensional approach », *Encephale*, 2006, 32(3 Pt 1), p. 351-355.

HERMANS E. J., PUTMAN P., VAN HONK J., « Testosterone administration reduces empathetic behavior : a facial mimicry study », *Psychoneuroendocrinology,* 2006, 31(7), p. 859-866.

HUIZINK A. C., MULDER E. J., BUITELAAR J. K., « Prenatal stress and risk for psychopathology : specific effects or induction of general susceptibility ? », *Psychol. Bull.,* 2004, 130(1), p. 115-142.

HYMAN S. E., MALENKA R. C., NESTLER E. J., « Neural mechanisms of addiction : the role of reward-related learning and memory », *Annu. Rev. Neurosci.,* 2006, 29, p. 565-598.

JAKOBSSON J. *et al.*, « Large differences in testosterone excretion in Korean and Swedish men are strongly associated with a UDP-glucuronosyl transferase 2B17 polymorphism », *J. Clin. Endocrinol. Metab.,* 2006, 91(2), p. 687-693.

JEPSEN L. K., JEPSEN C. A., « An empirical analysis of the matching patterns of same-sex and opposite-sex couples », *Demography,* 2002, 39(3), p. 435-453.

JONES B. C. *et al.*, « Commitment to relationships and preferences for femininity and apparent health in faces are strongest on days of the menstrual cycle when progesterone level is high », *Horm Behav.,* 2005, 48(3), p. 283-290.

JUDGE T. A., CABLE D. M., « The effect of physical height on workplace success and income : preliminary test of a theoretical model », *J. Appl. Psychol.,* 2004, 89(3), p. 428-441.

KALIVAS P. W., VOLKOW N. D., « The neural basis of addiction : a pathology of motivation and choice », *Am. J. Psychiatry,* 2005, 162(8), p. 1403-1413.

KEEDWELL P. A. *et al.*, « The neural correlates of anhedonia in major depressive disorder », *Biol. Psychiatry,* 2005, 58(11), p. 843-853.

KIRSCH P. *et al.*, « Oxytocin modulates neural circuitry for social cognition and fear in humans », *J. Neurosci.,* 2005, 25(49), p. 11489-11493.

KNICKMEYER R. C., BARON-COHEN S., « Fetal testosterone and sex differences in typical social development and in autism », *J. Child Neurol.,* 2006, 21(10), p. 825-845.

KNUTSON K. M. *et al.*, « Neural correlates of automatic beliefs about gender and race », *Hum. Brain Mapp,* 2006.

KOOB G. F., « The neurobiology of addiction : a neuroadaptational view relevant for diagnosis », *Addiction,* 2006, 101, suppl. 1, p. 23-30.

KOSFELD M. *et al.*, « Oxytocin increases trust in humans », *Nature,* 2005, 435(7042), p. 673-676.

KRAMER K. M. *et al.*, « Parental regulation of central patterns of estrogen receptor alpha », *Neuroscience,* 2006, 142(1), p. 165-173.

LANG, P. J., DAVIS M., « Emotion, motivation, and the brain : reflex foundations in animal and human research », *Prog. Brain Res.,* 2006, 156, p. 3-29.

LEVY, R., DUBOIS B., « Apathy and the functional anatomy of the prefrontal cortex-basal ganglia circuits », *Cereb. Cortex,* 2006, 16(7), p. 916-928.

LIEBERMAN M. D. *et al.*, « An fMRI investigation of race-related amygdala activity in African-American and Caucasian-American individuals », *Nat. Neurosci.,* 2005, 8(6), p. 720-722.

LONSTEIN J. S., GAMMIE S. C., « Sensory, hormonal, and neural control of maternal aggression in laboratory rodents », *Neurosci. Biobehav. Rev.,* 2002, 26(8), p. 869-888.

MAHEU F. S., LUPIEN S. J., « Memory in the grip of emotions and stress : a necessarily harmful impact ? », *Med. Sci.* (Paris) 2003, 19(1), p. 118-124.

MALLO, T. *et al.*, « Rats with persistently low or high exploratory activity : behaviour in tests of anxiety and depression, and extracellular levels of dopamine », *Behav. Brain Res.,* 2007, 177(2), p. 269-281.

MARTINO G., WINNER E., « Talents and disorders : relationships among handedness, sex, and college major », *Brain Cogn.,* 1995, 29(1), p. 66-84.

MCALLISTER T. W., « Apathy », *Semin. Clin. Neuropsychiatry,* 2000, 5(4), p. 275-282.

MCEWEN B. S., « Steroid hormones and brain development : some guidelines for understanding actions of pseudohormones and other toxic agents », *Environ Health Perspect,* 1987, 74, p. 177-184.

MESBAHZADEH B., GHIRAVANI Z., MEHRJOOFARD H., « Effect of Ramadan fasting on secretion of sex hormones in healthy single males », *East Mediterr. Health J.,* 2005, 11(5-6), p. 1120-1123.

MURPHY K. G., BLOOM S. R., « Gut hormones in the control of appetite », *Exp. Physiol.,* 2004, 89(5), p. 507-516.

NAGATA C. *et al.*, « Fat intake is associated with serum estrogen and androgen concentrations in postmenopausal Japanese women », *J. Nutr.,* 2005, 135(12), p. 2862-2865.

OHALA J. J., « Cross-language use of pitch : an ethological view », *Phonetica,* 1983, 40(1), p. 1-18.

PARISOT M. *et al.*, « Social competition and plasma testosterone profile in domesticated canaries : an experimental test of the challenge hypothesis », *Horm. Behav.,* 2005, 48(2), p. 225-232.

PASCUAL-LEONE A. *et al.*, « The plastic human brain cortex », *Annu. Rev. Neurosci.,* 2005, 28, p. 377-401.

PEDERSEN C. A. *et al.*, « Oxytocin induces maternal behavior in virgin female rats », *Science,* 1982, 216(4546), p. 648-650.

PENTON-VOAK I. S. *et al.*, « Menstrual cycle alters face preference », *Nature,* 1999, 399(6738), p. 741-742.

PEPLAU L. A., FINGERHUT A. W., « The close relationships of Lesbians and gay men », *Annu. Rev. Psychol.,* 2007, 58, p. 405-424.

PRIOUX F., « La naissance du premier enfant », *Population & Sociétés,* 1994, (287), p. 1-4.

RHODES G. *et al.*, « Does sexual dimorphism in human faces signal health ? » *Proc. Biol. Sci.,* 2003, 270, suppl. 1, p. S93-S95.

ROY P., PEREIRA B. M., « A treatise on hazards of endocrine disruptors and tool to evaluate them », *Indian J. Exp. Biol.,* 2005, 43(11), p. 975-992.

SEEMAN M. V., « Psychopathology in women and men : focus on female hormones », *Am. J. Psychiatry,* 1997, 154(12), p. 1641-1647.

SEGOVIA S. *et al.*, « Sexual dimorphism in the vomeronasal system of the rabbit », *Brain Res.,* 2006, 1102(1), p. 52-62.

SISK C. L., ZEHR J. L., « Pubertal hormones organize the adolescent brain and behavior », *Front Neuroendocrinol.,* 2005, 26(3-4), p. 163-174.

STERN K., MCCLINTOCK M. K., « Regulation of ovulation by human pheromones », *Nature,* 1998, 392(6672), p. 177-179.

TEMPLE C.M., « Academic discipline, handedness and immune disorders », *Neuropsychologia,* 1990, 28(3), p. 303-308.

TSUTSUMI O., « Assessment of human contamination of estrogenic endocrine-disrupting chemicals and their risk for human reproduction », *J. Steroid Biochem. Mol. Biol.,* 2005, 93(2-5), p. 325-330.

VAN REEKUM R., STUSS D. T., OSTRANDER L., « Apathy : why care ? », *J. Neuropsychiatry Clin. Neurosci,* 2005, 17(1), p. 7-19.

VERBALIS J. G., « The brain oxytocin receptor(s) ? », *Front Neuroendocrinol.,* 1999, 20(2), p. 146-156.

VINCENT J.-D., *La Chair et le Diable*, Paris, Odile Jacob, 1996.

VINCENT L., *Comment devient-on amoureux ?*, Paris, Odile Jacob, 2004 ; « Poches Odile Jacob », 2006.

VINCENT L., *Petits Arrangements avec l'amour*, Paris, Odile Jacob, 2005 ; « Poches Odile Jacob », 2007.

WAAL F. B. DE, « Macaque social culture : development and perpetuation of affiliative networks », *J. Comp. Psychol.,* 1996, 110(2), p. 147-154.

WEINSTOCK M., « Alterations induced by gestational stress in brain morphology and behaviour of the offspring », *Prog. Neurobiol.,* 2001, 65(5), p. 427-451.

WELSHONS W. V., NAGEL S. C., VOM SAAL F. C., « Large effects from small exposures. III. Endocrine mechanisms mediating effects of bisphenol

A at levels of human exposure », *Endocrinology,* 2006, 147(6 suppl.), p. S56-S69.

WINDLE R. J. *et al.*, « Oxytocin attenuates stress-induced c-fos mRNA expression in specific forebrain regions associated with modulation of hypothalamo-pituitary-adrenal activity », *J. Neurosci.,* 2004, 24(12), p. 2974-2982.

WINGFIELD J. C., GOLDSMITH A. R., « Plasma levels of prolactin and gonadal steroids in relation to multiple-brooding and renesting in free-living populations of the song sparrow, Melospiza melodia », *Horm Behav.,* 1990, 24(1), p. 89-103.

ZAK P. J., FAKHAR A., « Neuroactive hormones and interpersonal trust : international evidence », *Econ. Hum. Biol.,* 2006, 4(3), p. 412-429.

ZITZMANN M., NIESCHLAG E., « Testosterone levels in healthy men and the relation to behavioural and physical characteristics : facts and constructs », *Eur. J. Endocrinol.,* 2001, 144(3), p. 183-197.

Table

CHAPITRE 3

Le sexe au bureau

CHAPITRE 4

Le nouvel homme

CHAPITRE 5

Ce que femme veut…

CHAPITRE 6

La fascinante étrangeté de l'autre

CHAPITRE 7
Les déclinaisons du couple

DU MÊME AUTEUR
CHEZ ODILE JACOB

La Forme et la Frime. Pouvoirs et limites des régimes et des exercices, 1998.

Comment devient-on amoureux, 2004, « Poches Odile Jacob », 2006.

Petits Arrangements avec l'amour, 2005, « Poches Odile Jacob », 2007.

Où est passé l'amour ?, 2007.

Dans la collection « Poches Odile Jacob »

N° 1 : Aldo Naouri, *Les Filles et leurs mères*
N° 2 : Boris Cyrulnik, *Les Nourritures affectives*
N° 3 : Jean-Didier Vincent, *La Chair et le Diable*
N° 4 : Jean François Deniau, *Le Bureau des secrets perdus*
N° 5 : Stephen Hawking, *Trous noirs et Bébés univers*
N° 6 : Claude Hagège, *Le Souffle de la langue*
N° 7 : Claude Olievenstein, *Naissance de la vieillesse*
N° 8 : Édouard Zarifian, *Les Jardiniers de la folie*
N° 9 : Caroline Eliacheff, *À corps et à cris*
N° 10 : François Lelord, Christophe André, *Comment gérer les personnalités difficiles*
N° 11 : Jean-Pierre Changeux, Alain Connes, *Matière à pensée*
N° 12 : Yves Coppens, *Le Genou de Lucy*
N° 13 : Jacques Ruffié, *Le Sexe et la Mort*
N° 14 : François Roustang, *Comment faire rire un paranoïaque ?*
N° 15 : Jean-Claude Duplessy, Pierre Morel, *Gros Temps sur la planète*
N° 16 : François Jacob, *La Souris, la Mouche et l'Homme*
N° 17 : Marie-Frédérique Bacqué, *Le Deuil à vivre*
N° 18 : Gerald M. Edelman, *Biologie de la conscience*
N° 19 : Samuel P. Huntington, *Le Choc des civilisations*
N° 20 : Dan Kiley, *Le Syndrome de Peter Pan*
N° 21 : Willy Pasini, *À quoi sert le couple ?*
N° 22 : Françoise Héritier, Boris Cyrulnik, Aldo Naouri, *De l'inceste*
N° 23 : Tobie Nathan, *Psychanalyse païenne*
N° 24 : Raymond Aubrac, *Où la mémoire s'attarde*
N° 25 : Georges Charpak, Richard L. Garwin, *Feux follets et Champignons nucléaires*
N° 26 : Henry de Lumley, *L'Homme premier*
N° 27 : Alain Ehrenberg, *La Fatigue d'être soi*
N° 28 : Jean-Pierre Changeux, Paul Ricœur, *Ce qui nous fait penser*
N° 29 : André Brahic, *Enfants du Soleil*
N° 30 : David Ruelle, *Hasard et Chaos*
N° 31 : Claude Olievenstein, *Le Non-dit des émotions*
N° 32 : Édouard Zarifian, *Des paradis plein la tête*
N° 33 : Michel Jouvet, *Le Sommeil et le Rêve*
N° 34 : Jean-Baptiste de Foucauld, Denis Piveteau, *Une société en quête de sens*
N° 35 : Jean-Marie Bourre, *La Diététique du cerveau*
N° 36 : François Lelord, *Les Contes d'un psychiatre ordinaire*

N° 37 : Alain Braconnier, *Le Sexe des émotions*
N° 38 : Temple Grandin, *Ma vie d'autiste*
N° 39 : Philippe Taquet, *L'Empreinte des dinosaures*
N° 40 : Antonio R. Damasio, *L'Erreur de Descartes*
N° 41 : Édouard Zarifian, *La Force de guérir*
N° 42 : Yves Coppens, *Pré-ambules*
N° 43 : Claude Fischler, *L'Homnivore*
N° 44 : Brigitte Thévenot, Aldo Naouri, *Questions d'enfants*
N° 45 : Geneviève Delaisi de Parseval, Suzanne Lallemand, *L'Art d'accommoder les bébés*
N° 46 : François Mitterrand, Elie Wiesel, *Mémoire à deux voix*
N° 47 : François Mitterrand, *Mémoires interrompus*
N° 48 : François Mitterrand, *De l'Allemagne, de la France*
N° 49 : Caroline Eliacheff, *Vies privées*
N° 50 : Tobie Nathan, *L'Influence qui guérit*
N° 51 : Éric Albert, Alain Braconnier, *Tout est dans la tête*
N° 52 : Judith Rapoport, *Le garçon qui n'arrêtait pas de se laver*
N° 53 : Michel Cassé, *Du vide et de la création*
N° 54 : Ilya Prigogine, *La Fin des certitudes*
N° 55 : Ginette Raimbault, Caroline Eliacheff, *Les Indomptables*
N° 56 : Marc Abélès, *Un ethnologue à l'Assemblée*
N° 57 : Alicia Lieberman, *La Vie émotionnelle du tout-petit*
N° 58 : Robert Dantzer, *L'Illusion psychosomatique*
N° 59 : Marie-Jo Bonnet, *Les Relations amoureuses entre les femmes*
N° 60 : Irène Théry, *Le Démariage*
N° 61 : Claude Lévi-Strauss, Didier Éribon, *De près et de loin*
N° 62 : François Roustang, *La Fin de la plainte*
N° 63 : Luc Ferry, Jean-Didier Vincent, *Qu'est-ce que l'homme ?*
N° 64 : Aldo Naouri, *Parier sur l'enfant*
N° 65 : Robert Rochefort, *La Société des consommateurs*
N° 66 : John Cleese, Robin Skynner, *Comment être un névrosé heureux*
N° 67 : Boris Cyrulnik, *L'Ensorcellement du monde*
N° 68 : Darian Leader, *À quoi penses-tu ?*
N° 69 : Georges Duby, *L'Histoire continue*
N° 70 : David Lepoutre, *Cœur de banlieue*
N° 71 : Université de tous les savoirs 1, *La Géographie et la Démographie*
N° 72 : Université de tous les savoirs 2, *L'Histoire, la Sociologie et l'Anthropologie*
N° 73 : Université de tous les savoirs 3, *L'Économie, le Travail, l'Entreprise*

N° 74 : Christophe André, François Lelord, *L'Estime de soi*
N° 75 : Université de tous les savoirs 4, *La Vie*
N° 76 : Université de tous les savoirs 5, *Le Cerveau, le Langage, le Sens*
N° 77 : Université de tous les savoirs 6, *La Nature et les Risques*
N° 78 : Boris Cyrulnik, *Un merveilleux malheur*
N° 79 : Université de tous les savoirs 7, *Les Technologies*
N° 80 : Université de tous les savoirs 8, *L'Individu dans la société d'aujourd'hui*
N° 81 : Université de tous les savoirs 9, *Le Pouvoir, L'État, la Politique*
N° 82 : Jean-Didier Vincent, *Biologie des passions*
N° 83 : Université de tous les savoirs 10, *Les Maladies et la Médecine*
N° 84 : Université de tous les savoirs 11, *La Philosophie et l'Éthique*
N° 85 : Université de tous les savoirs 12, *La Société et les Relations sociales*
N° 86 : Roger-Pol Droit, *La Compagnie des philosophes*
N° 87 : Université de tous les savoirs 13, *Les Mathématiques*
N° 88 : Université de tous les savoirs 14, *L'Univers*
N° 89 : Université de tous les savoirs 15, *Le Globe*
N° 90 : Jean-Pierre Changeux, *Raison et Plaisir*
N° 91 : Antonio R. Damasio, *Le Sentiment même de soi*
N° 92 : Université de tous les savoirs 16, *La Physique et les Éléments*
N° 93 : Université de tous les savoirs 17, *Les États de la matière*
N° 94 : Université de tous les savoirs 18, *La Chimie*
N° 95 : Claude Olievenstein, *L'Homme parano*
N° 96 : Université de tous les savoirs 19, *Géopolitique et Mondialisation*
N° 97 : Université de tous les savoirs 20, *L'Art et la Culture*
N° 98 : Claude Hagège, *Halte à la mort des langues*
N° 99 : Jean-Denis Bredin, Thierry Lévy, *Convaincre*
N° 100 : Willy Pasini, *La Force du désir*
N° 101 : Jacques Fricker, *Maigrir en grande forme*
N° 102 : Nicolas Offenstadt, *Les Fusillés de la Grande Guerre*
N° 103 : Catherine Reverzy, *Femmes d'aventure*
N° 104 : Willy Pasini, *Les Casse-pieds*
N° 105 : Roger-Pol Droit, *101 Expériences de philosophie quotidienne*
N° 106 : Jean-Marie Bourre, *La Diététique de la performance*
N° 107 : Jean Cottraux, *La Répétition des scénarios de vie*
N° 108 : Christophe André, Patrice Légeron, *La Peur des autres*
N° 109 : Amartya Sen, *Un nouveau modèle économique*
N° 110 : John D. Barrow, *Pourquoi le monde est-il mathématique ?*

N° 111 : Richard Dawkins, *Le Gène égoïste*
N° 112 : Pierre Fédida, *Des bienfaits de la dépression*
N° 113 : Patrick Légeron, *Le Stress au travail*
N° 114 : François Lelord, Christophe André, *La Force des émotions*
N° 115 : Marc Ferro, *Histoire de France*
N° 116 : Stanislas Dehaene, *La Bosse des maths*
N° 117 : Willy Pasini, Donato Francescato, *Le Courage de changer*
N° 118 : François Heisbourg, *Hyperterrorisme : la nouvelle guerre*
N° 119 : Marc Ferro, *Le Choc de l'Islam*
N° 120 : Régis Debray, *Dieu, un itinéraire*
N° 121 : Georges Charpak, Henri Broch, *Devenez sorciers, devenez savants*
N° 122 : René Frydman, *Dieu, la Médecine et l'Embryon*
N° 123 : Philippe Brenot, *Inventer le couple*
N° 124 : Jean Le Camus, *Le Vrai Rôle du père*
N° 125 : Elisabeth Badinter, *XY*
N° 126 : Elisabeth Badinter, *L'Un est l'Autre*
N° 127 : Laurent Cohen-Tanugi, *L'Europe et l'Amérique au seuil du XXI*e *siècle*
N° 128 : Aldo Naouri, *Réponses de pédiatre*
N° 129 : Jean-Pierre Changeux, *L'Homme de vérité*
N° 130 : Nicole Jeammet, *Les Violences morales*
N° 131 : Robert Neuburger, *Nouveaux Couples*
N° 132 : Boris Cyrulnik, *Les Vilains Petits Canards*
N° 133 : Christophe André, *Vivre heureux*
N° 134 : François Lelord, *Le Voyage d'Hector*
N° 135 : Alain Braconnier, *Petit ou grand anxieux ?*
N° 136 : Juan Luis Arsuaga, *Le Collier de Néandertal*
N° 137 : Daniel Sibony, *Don de soi ou partage de soi*
N° 138 : Claude Hagège, *L'Enfant aux deux langues*
N° 139 : Roger-Pol Droit, *Dernières Nouvelles des choses*
N° 140 : Willy Pasini, *Être sûr de soi*
N° 141 : Massimo Piattelli Palmarini, *Le Goût des études ou comment l'acquérir*
N° 142 : Michel Godet, *Le Choc de 2006*
N° 143 : Gérard Chaliand, Sophie Mousset, *2 000 ans de chrétientés*
N° 145 : Christian De Duve, *À l'écoute du vivant*
N° 146 : Aldo Naouri, *Le Couple et l'Enfant*

N° 147 : Robert Rochefort, *Vive le papy-boom*
N° 148 : Dominique Desanti, Jean-Toussaint Desanti, *La liberté nous aime encore*
N° 149 : François Roustang, *Il suffit d'un geste*
N° 150 : Howard Buten, *Il y a quelqu'un là-dedans*
N° 151 : Catherine Clément, Tobie Nathan, *Le Divan et le Grigri*
N° 152 : Antonio R. Damasio, *Spinoza avait raison*
N° 153 : Bénédicte de Boysson-Bardies, *Comment la parole vient aux enfants*
N° 154 : Michel Schneider, *Big Mother*
N° 155 : Willy Pasini, *Le Temps d'aimer*
N° 156 : Jean-François Amadieu, *Le Poids des apparences*
N° 157 : Jean Cottraux, *Les Ennemis intérieurs*
N° 158 : Bill Clinton, *Ma Vie*
N° 159 : Marc Jeannerod, *Le Cerveau intime*
N° 160 : David Khayat, *Les Chemins de l'espoir*
N° 161 : Jean Daniel, *La Prison juive*
N° 162 : Marie-Christine Hardy-Baylé, Patrick Hardy, *Maniaco-dépressif*
N° 163 : Boris Cyrulnik, *Le Murmure des fantômes*
N° 164 : Georges Charpak, Roland Omnès, *Soyez savants, devenez prophètes*
N° 165 : Aldo Naouri, *Les Pères et les Mères*
N° 166 : Christophe André, *Psychologie de la peur*
N° 167 : Alain Peyrefitte, *La Société de confiance*
N° 168 : François Ladame, *Les Éternels Adolescents*
N° 169 : Didier Pleux, *De l'enfant roi à l'enfant tyran*
N° 170 : Robert Axelrod, *Comment réussir dans un monde d'égoïstes*
N° 171 : François Millet-Bartoli, *La Crise du milieu de la vie*
N° 172 : Hubert Montagner, *L'Attachement*
N° 173 : Jean-Marie Bourre, *La Nouvelle Diététique du cerveau*
N° 174 : Willy Pasini, *La Jalousie*
N° 175 : Frédéric Fanget, *Oser*
N° 176 : Lucy Vincent, *Comment devient-on amoureux ?*
N° 177 : Jacques Melher, Emmanuel Dupoux, *Naître humain*
N° 178 : Gérard Apfeldorfer, *Les Relations durables*
N° 179 : Bernard Lechevalier, *Le Cerveau de Mozart*
N° 180 : Stella Baruk, *Quelles mathématiques pour l'école ?*

N° 181 : Patrick Lemoine, *Le Mystère du placebo*
N° 182 : Boris Cyrulnik, *Parler d'amour au bord du gouffre*
N° 183 : Alain Braconnier, *Mère et Fils*
N° 184 : Jean-Claude Carrière, *Einstein, s'il vous plaît*
N° 185 : Aldo Naouri, Sylvie Angel, Philippe Gutton, *Les Mères juives*
N° 186 : Jean-Marie Bourre, *La Vérité sur les oméga-3*
N° 187 : Édouard Zarifian, *Le Goût de vivre*
N° 188 : Lucy Vincent, *Petits arrangements avec l'amour*
N° 189 : Jean-Claude Carrière, *Fragilité*
N° 190 : Luc Ferry, *Vaincre les peurs*
N° 191 : Henri Broch, *Gourous, sorciers et savants*
N° 192 : Aldo Naouri, *Adultères*
N° 193 : Violaine Guéritault, *La Fatigue émotionnelle et physique des mères*
N° 194 : Sylvie Angel et Stéphane Clerget, *La Deuxième chance en amour*
N° 195 : Barbara Donville, *Vaincre l'autisme*
N° 196 : François Roustang, *Savoir attendre, Pour que la vie change*
N° 197 : Alain Braconnier, *Les Filles et les Pères*
N° 198 : Lucy Vincent, *Où est passé l'amour ?*
N° 199 : Claude Hagège, *Combat pour le français*
N° 200 : Boris Cyrulnik, *De chair et d'âme*

Cet ouvrage a été transcodé et mis en pages
chez Nord Compo (Villeneuve d'Ascq)

Imprimé en France sur Presse Offset par

CPI
Brodard & Taupin

La Flèche (Sarthe), le 25-02-2008
N° d'impression : 45890
N° d'édition : 7381-2119-X
Dépôt légal : mars 2008

Imprimé en France